DÍAS
DE
NADA

DÍAS DE NADA

FRANCISCO JAVIER PLAZA BEIZTEGUI

Premio de Literatura Navarro Villoslada 2024
Castellano

Gobierno de Navarra
Nafarroako Gobernua
Departamento de Cultura, Deporte y Turismo
Kultura, Kirol eta Turismo Departamentua

Premio de Literatura Navarro Villoslada 2024

TÍTULO / IZENBURUA
Días de nada

AUTOR / EGILEA
Francisco Javier Plaza Beiztegui

EDITA / ARGITARATZAILEA
© Gobierno de Navarra / Nafarroako Gobernua
Departamento de Cultura, Deporte y Turismo /
Kultura, Kirol eta Turismo Departamentua

DISEÑO Y MAQUETACIÓN / DISEINUA ETA MAKETAZIOA
Lamartica Estudio Creativo

IMPRESIÓN / INPRIMAKETA
Gráficas Iratxe

ISBN: 978-84-235-3730-3

DL NA 951-2025

1.ª edición: mayo de 2025 / 1. edizioa: 2025ko maiatza

PROMOCIÓN Y DISTRIBUCIÓN / SUSTAPENA ETA BANAKETA
Fondo de Publicaciones del Gobierno de Navarra /
Nafarroako Gobernuaren Argitalpen Funtsa
Navas de Tolosa, 21. 31002 Pamplona / Iruña
Tel.: 848 427 121 / fondo.publicaciones@navarra.es
https://publicaciones.navarra.es

PRÓLOGO

El Premio de Literatura Navarro Villoslada nace con el objetivo de promover la creación de obras originales en castellano y en euskera, en los distintos géneros literarios. En su segunda edición, la Dirección General de Cultura - Institución Príncipe de Viana ha querido consolidar el camino literario emprendido con esta distinción y la publicación de estas obras, que se suman al patrimonio literario navarro.

Días de nada, de Javier Plaza Beiztegui, destaca por su arquitectura, la creación de personajes y su habilidad en el empleo de diferentes registros lingüísticos. Una obra que, nos habla del esfuerzo y la ilusión de una mujer por abrirse camino en el mundo académico universitario. Una novela que transcurre en parte en Pamplona, y que nos aporta la particularidad de conocer la historia, las preocupaciones y los sentimientos de la protagonista a partir lo que nos cuentan las diferentes personas que la conocen.

El premio de Literatura Navarro Villoslada hace crecer la colaboración entre el Gobierno de Navarra y el sector del libro desde el ámbito creativo y la escritura. Una acción más que se suma a las que, desde hace ya algunos años, la Dirección general de Cultura-Institución Príncipe de Viana desarrolla, enfocadas a reforzar y hacer crecer este sector cultural en Navarra.

Porque estamos convencidas de que la literatura, el favorecer la creación atendiendo a la diversidad lingüística de nuestra tierra y facilitando el acceso de la ciudadanía a los libros son claves para el desarrollo de un pensamiento crítico y de una sociedad solidaria y comprometida.

Seguiremos impulsando acciones de este tipo para demostrar la buena literatura que nace en nuestra comunidad, y de la que esperamos un infinito recorrido en el futuro.

Rebeca Esnaola Bermejo
Consejera de Cultura, Deporte y Turismo

A la valla que rodeaba el solar le habían arrancado un par de tablas y por el hueco entraban y salían los chavales del barrio a cualquier hora del día. Allí deshojaban las horas muertas en su pequeño reino de tierra y piedras, de hierros oxidados, basura en las esquinas y jeringuillas del turno de noche.

Solían sentarse en círculo, repartidos entre tres o cuatro sillas viejas y un sofá de escay raído que mostraba, sin decoro, la espuma de su interior por varios agujeros. Inquietos y llenos de vida hablaban y discutían con ademanes exagerados mientras se pasaban el cigarro que alguno de ellos había robado a su padre.

En las tardes, el sol que se ponía por Entrevías hacía crecer la sombra del número veintitrés de la Avenida de San Diego, que delimitaba aquel lado del solar. La zona gris se extendía con suavidad apagando la tierra iluminada, deslizándose sobre la hierba reseca, los saltamontes y las lagartijas, sobre los periódicos amarillentos, las latas vacías y las viejas revistas pornográficas, arrugadas y mecidas por la brisa. La sombra ganaba terreno al sol, con elegancia, hasta alcanzar la otra orilla del descampado, la que daba a la calle de Callejo.

En invierno aquella sombra alcanzando la valla les decía que era hora de irse a casa, en verano les decía que deberían estar en casa hacía mucho. Entonces los chavales corrían.

Desde la ventana de su habitación, en el cuarto piso, Julia los observaba al tiempo que sostenía en sus manos un libro desgastado y plagado de notas escritas a lápiz. Y recordaba sus juegos de niña en algún otro solar cercano, entre charcos de barro, pilas de ladrillos y tardes grises, entre risas, peleas y aquellos primeros besos, furtivos y temblorosos, a resguardo del frío y de las miradas. Aquellos besos de descampado y colchón viejo que sabían a prohibido, a cerveza y a *Ducados*. Besos de bisutería que parecían de verdad.

***

Conocí a Julia en el ochenta y dos, en la Biblioteca Nacional. Ella trabajaba en su tesis sobre las atribuciones del Quijote de Avellaneda y yo entonces tenía un contrato laboral allí, era auxiliar de biblioteca, no como ahora, nada que ver. Julia buscaba información para su tesis, comenzó a venir uno o dos días por semana y pasaba horas revisando los cajetines de fichas, tomando notas. A veces me preguntaba algo y yo le ayudaba. En fin, un poco lo normal, aunque lo cierto es que desde el primer día me fijé en ella.

Recuerdo que aquel año nos habían instalado en el rellano una máquina de café, un engendro que funcionaba con monedas y que daba un café horrible, así que yo seguía llevando el mío en un termo. Una mañana le ofrecí a Julia y ella aceptó. Desde entonces cada semana se sentaba unos minutos a mi lado y compartíamos una taza de café al tiempo que hablábamos, de literatura, claro, sobre todo de Avellaneda, pero no solo de eso. Hablamos mucho de literatura francesa, que a los dos nos apasionaba: de Flaubert, de Balzac, de Víctor Hugo... A todos los había leído, de todos había analizado su obra. Ella sabía muchísimo, no tenía aspecto de saber tanto. Aún la recuerdo sujetando la taza con las dos manos mientras me explicaba la influencia de Baudelaire en la obra de Mallarmé, Rimbaud y Verlaine, con su gesto sereno y su piel tersa y clara. Llevaba el pelo corto, no llegaba a lo que llaman media melena, más corto aún.

Después ella sonreía y entonces yo le prestaba los libros prestables y los no prestables, e incluso los que no se podían ni consultar. Y después sonreía de nuevo y yo le buscaba libros por estanterías, almacenes y sótanos: *Los dos D. Quijote de García Soriano*, los *Casos cervantinos que tocan a Valladolid*, de Narciso Alonso Cortés..., y otros que no sé ni para qué los quería, como la *Biografía de Lope de Vega*, de Cayetano de la Barrera o el *Antídoto contra la pestilente poesía de las Soledades* de Juan de Jáuregui. Recuerdo que por ella cometí locuras, locuras literarias que son las más bellas: fotocopié la primera impresión de las *Vidas y trabajos de Jerónimo de Pasamonte*, la de Foulché, y le hice anotaciones en una libreta antes de entregársela. Le presté el ejemplar de la primera biografía de Cervantes que se publicó, la de Mayans y Siscar de 1737. Si le llega a ocurrir algo a aquel original me hubiera costado el trabajo, tal vez la cárcel. En fin, yo le buscaba lo que me pidiera y lo que no.

Y ella, muy correcta conmigo, sonreía amigable aunque nunca daba pie a más. Yo la invitaba a presentaciones, charlas, conferencias, todo lo que creyera que podía interesarle, pero a ella siempre le venía mal, siempre había quedado, siempre tenía que preparar un curso. Tan solo un par de mañanas, que hice como que me olvidaba el termo, conseguí tomar con ella un café en la calle de Villanueva, justo enfrente, aunque apenas fui capaz de retenerla unos minutos. Vamos, que había que estar ciego para no ver su desinterés, pero yo quería estarlo. Creo que me ocurría un poco como cuando uno coge una de esas caracolas marinas, que las acercas al oído y dices que estás oyendo el mar, lo dices porque es bonito pero sabes que es mentira. Pues algo parecido me ocurría a mí, que me decía que un día despertaría a su lado, pero a las dos de la tarde, siempre puntual, aparecía él para disipar mis ensoñaciones. Y yo lo miraba desde el otro lado del mostrador: nunca entraba en la Biblioteca, seguramente no sabía ni leer y por eso se quedaba afuera esperándola, con su cazadora de cuero y su gesto de chulo, fumando un Nobel y escupiendo al suelo cuando creía que nadie le veía.

Entonces descendía Julia las escaleras, *la sonrisa ancha, la lluvia en el pelo, no importaba nada*, y a mí me dolía esa sonrisa, la de ella, me dolía más que el beso de él. Me dolía su sonrisa ilusionada. Yo siempre estaba atento esperando ver una discusión, algún gesto de cansancio, pero era siempre esa sonrisa golpeándome y él pasándole el brazo sobre su hombro, como si se la fueran a robar, muy posesivo.

Y yo me quedaba allí, con Carmen Laforet y Alejandra Pizarnik, con Virginia Wolf y Elena Garro. Y ellos se alejaban calle abajo, hacia Atocha. —Por ahí se van mis sueños.

* * *

El cielo se fue encapotando y el azul celeste quedó cubierto por un manto gris oscuro. Sonó un trueno cercano, como un aldabonazo, y una intensa tormenta de verano comenzó a descargar sobre la Universidad, desbordando con su lluvia jardines y estanques, derramándose por los alféizares de las ventanas y formando efímeros torrentes que recorrían las cañerías y las aceras, hasta precipitarse por alguna alcantarilla. Apenas duró unos minutos, después las nubes detuvieron su generosidad y comenzaron a desaparecer con la misma prontitud con la que habían llegado. Regresó el calor sofocante pero el aire olía aún a tierra mojada y desde el asfalto surgía, pausada, una delicada neblina blanca que al elevarse se desvanecía entre la brisa y el sol.

No me acordaba de que se llamaba Julia, yo hubiera dicho que se llamaba Paula. Pues solía comer aquí muchos días. A veces con una profesora que es gilipollas perdida, ella no, ella era muy maja. Debía ser un cerebrito de esos que se ponen a investigar y no saben ni qué hora es porque cuando bajaba sola siempre aparecía cuando ya habíamos cerrado la cocina. Pero bueno, ella me llamaba, me preguntaba y yo le decía que sí que le podía hacer algo. Siempre le decía que sí, y miraba si había sobrado algo o le preparaba cualquier cosa rápida. La Angelines me decía que le dijera que no, pero ¿por qué le iba yo a decir que no? Si me daba apuro que se tuviera que comer dos croquetas y seguir trabajando toda la tarde con solo eso en la tripa. ¿A mí qué me costaba? Con lo maja que era, que siempre hablábamos algo, y muchos profesores ni nos saludan cuando nos cruzamos con ellos por el pasillo. Eminencias, eminencias, ¡los cojones!, que aquí al final una se entera de todo y si yo contara las miserias que sé de muchos de ellos.

Pero bueno, el caso es que sí que solía comer aquí. No pagaba, tenía vale de profesores aunque la verdad es que no era profesora, estaba escribiendo un libro sobre Don Quijote, se pegó años así, yo no sé si cuesta tanto escribir un libro o es que no le cundía. Lo del libro me lo dijo un día que nos pilló un chaparrón, que creo que fue el único día que hablé con ella así más rato. Fue un día de esos de finales de junio que ya está la facultad casi vacía. Por la mañana, cuando salí de casa, hacía un calor de morirse, lo último en lo que pensaba yo era en que lloviera, aunque es verdad que el sol picaba de bochorno, pero vamos, que cuando llegué a trabajar lo mismo hacía ya treinta grados. Bueno, pues mientras terminaba de fregar todo empezó a nublarse y a oscurecerse de repente y parecía que se hacía de noche. Y cuando me estaba cambiando se oyó un trueno y empezó a caer la de Dios es Cristo. Así que al salir me tuve que parar bajo el tejadillo ese de la entrada. Se veía que era una tormenta de esas de verano que no pueden durar mucho, pero caía una manta de agua impresionante, hacía un ruido tremendo. Por los desagües salía un chorro de agua y bajaba por las escaleras, y el cielo seguía oscuro oscuro. Y allí estaba yo, sin paraguas, esperando con la piel de gallina porque había bajado mucho la temperatura, y salió ella y se me puso al lado. *A esperar a que escampe, no queda otra.* Le dije. Y ella asintió y se encogió de hombros y estuvimos hablando un rato, media hora, o igual una hora, no sé, un buen rato. Entonces fue cuando me contó lo del libro y yo le conté que llevaba poco en la facultad, que cuando la chica se casó y se fue de casa mi Antonio me veía así como tristona y sin ganas de nada, vamos, que estaba deprimida, y me dijo: *chica, búscate algo para estar ocupada*, y la Angelines, que ya trabajaba aquí, me metió en la cocina. ¿Qué mejor sitio para mí? Si me había pegado toda la vida entre la cocina de mi madre, allá en Almendralejo, y la mía. Bueno, pues cuando le cuento eso a esta chica va y me dice: *¿Sabes? Me recuerdas un poco a mi madre.*

—Joder, cabrona, pensaba que ibas a decir a tu hermana.

Le dio un ataque de risa, se empezó a reír y no paraba, la cabrona de ella. A mí enseguida se me contagió la risa, y así estuvimos un buen rato, riéndonos las dos como dos tontas.

***

Tenían la suela de cáñamo y la tela de lona. En el montón la mayoría eran blancas, algunas negras y muy pocas azules oscuro o rojas. Aquella señora buscaba sin prisas. Encontró unas blancas y otras negras de su número.

—¿Todas al mismo precio?

—Todas a doscientas, señora.

Se probó una alpargata de cada par, primero la blanca y después la negra. Las dejó de nuevo en el montón, las blancas quedaron justo al borde de la larga tabla cubierta con una tela que servía de mostrador. Continuó buscando. Al apartar algunas, para alcanzar un par rojo movió las de alrededor y el par de alpargatas blancas cayó del borde al suelo, la señora no miraba hacia ese lado, comprobaba el número de las que había cogido. Agachada junto al puesto había una niña que recogió el par caído y salió de allí entre las piernas de la gente. Al poco tiempo la señora negó con la cabeza, dejó sobre el montón la alpargata que sostenía, se giró y se alejó del puesto, caminando en la misma dirección en la que se había alejado la niña.

Frío sol de febrero, cielo azul de invierno. Muy de mañana en mañana Julia acompañaba a su madre al rastro de Entrevías, lo había hecho desde niña y se sentía a gusto caminando por entre aquellos puestos y aquel revuelo de voces y de gentes. Madre e hija charlaban al tiempo que caminaban tranquilas y se detenían, a cada rato, en algún puesto.

Sagrario cogió unos vaqueros de color azul marino y comenzó a revisar las costuras.

—Digo yo que tampoco entonces habría tantos escritores como ahora, ¿no?, que será alguno de los que dicen.

—Los mismos que en el Corte Inglés, señora, pero aquí más baratos, toque, toque. Mire este, primeras marcas.

—A ver, había unos cuantos, no como ahora, desde luego, pero unos cuantos. Es verdad que entonces no todo el mundo tenía tiempo para escribir un libro, la mayor parte de la gente no sabía ni escribir pero, aun con eso, candidatos no faltan.

—Pero uno de esos que estudias será, ¿no? Esos pantalones que llevas los compré aquí, ya están viejos.

—Tampoco son nuevos, mamá, tienen dos o tres años, o más.

—Pero no los has llevado casi y ya están viejos.

Julia asintió. —Bueno, es verdad que si haces una lista de todos los candidatos a falso Cervantes que se han propuesto sabes que alguno de la lista es, lo difícil es saber quién.

—¿No tienes en negro?

—Solo lo que ve, señora. Género bueno, toque, toque. —Y le acercaba un pantalón de un azul más claro.

—¿Vas a traer más?

—Uy, señora, no sé, tengo algunos más pero son como estos.

—¿Si se los prueba y no le sirven los puedo cambiar?

—Claro, señora.

—Le voy a coger estos para el Antonio. Creo que le servirán, aunque cada día está más flaco. Me llevo estos.

—Traiga que le pongo una bolsa.

—Pues igual lo escribió Cervantes. El otro día dijeron por la radio que hay marcas de suavizantes que son del mismo. Vas al super ves muchas pero al final son todas de dos o tres. Para que creas que tienes para elegir pero son todas de los mismos, de unos pocos. Igual hizo eso, para que la gente tuviera Quijotes para elegir.

Julia rio. —No lo veo claro, mamá, y eso que no eres la primera que dice que lo escribió él.

—Tome, señora.

—¿Ves?, me puedes incluir en tu tesis, mira tú que bien.

—Vale, incluiré la *Teoría de los suavizantes*.

—Ya podrías hacerme algo de descuento con lo que te compro,

—Que están casi regalados.

—A ver si duran que estos de la chica los ha llevado cuatro días, y están ya para tirar.

—Señora, esos son de hace años.

Caminaban hacia el autobús, tan solo habían comprado los pantalones para Antonio, Julia había insistido en que ella no necesitaba nada. En las afueras del rastro un revuelo de papeles y plásticos y una niña sentada sola en un banco sosteniendo unas alpargatas blancas entre sus brazos. Vestía ropa vieja, heredada seguramente de algún hermano. Sin saber por qué, a Julia aquella niña le recordó a la Pícara Justina. Llegó la madre de la pequeña, tomó las alpargatas y las guardó en su bolso, después la besó en el pelo, la tomó de la mano y se fueron caminando juntas, despacio. La niña sonreía.

***

El calor asfixiante, el cristal turbio, la humedad sucia, los olores intensos, desconocidos y desagradables, los gritos, las llamadas desde los altavoces: *Gimeno Ruiz acuda a Centro, Ladrero Canales a comunicar.* Las marcas oscuras en el suelo, marcas de una fregona vieja aplicada con desgana, papeles en los rincones. Si tenía suerte le tocaba uno de los locutorios del principio, más cercanos a la puerta, por allí corría algo de aire y las náuseas al entrar eran menores. Si le tocaba uno de los últimos era peor, el aire sucio se mascaba al recorrer la garganta y sabía a basura y a enfermedad. Nadie cerraba las puertas así que debían gritar para hacerse oír a través de aquellos diminutos agujeros, y para escuchar bien había que acercar mucho la oreja a aquel cristal infecto. Por suerte para ella, Julia no quería escuchar bien. Lo peor de aquel lugar era tener que ver a su hermano.

—Y tú qué, hermanita, viviendo a la sopa boba, ¿no? De la pensión de la vieja y de que te invite el tío ese, ya te vale ya. Y para el Tony no llega el dinero, ¿no?, que con la mierda que me metéis no tengo para nada, que aquí todo se compra. Si hubierais metido dinero me hubieran cogido otra vez en el proyecto ese de la metadona. Ya vamos a hablar a la salida, ya. Que llevo unas semanas limpio, pero no me cogieron porque aquí hay que untar a todo Dios, y vosotras a gastaros la pasta y a no currar.

—*No llevas ningún día limpio, estás puesto, como siempre.*

—A los putos gitanos y a los moros sí que los cogen, a esos sí, y a mí no. Y allí te dan la metadona, y porque falté un día, que estaba jodido, me echaron. Solo cogen al que se la chupa bien. Igual si vosotras os hubierais movido, pero poco me ayudáis, eh, poco. Claro, tú, con la buena vida que llevas sin dar un palo al agua, que lo que tendrías que hacer es ponerte a currar de una puta vez y ayudar a tu hermano, eso tendrías que hacer.

—*¿Sabes?, hermano, sólo vengo a verte porque si no viniera mamá lloraría, porque sólo ella vendría a verte.*

—Poco te acuerdas de tu hermano, con todo lo que he hecho por ti.

—*No sé si alguna vez te quise, pero si fue así yo no lo recuerdo. No recuerdo que fueras un niño muy bueno como dice mamá, no recuerdo que te torcieras. Recuerdo que entrabas a mi cuarto a fumar porros y los guardabas entre mi ropa, "como digas algo a mamá te mato". Recuerdo los gritos, la televisión que desapareció, y todo lo demás, y las hostias que le diste a mamá aquel día que no te quería dar dinero, que la tiraste por el suelo, eso sí que lo recuerdo, las hostias, su ojo morado y el brazo en cabestrillo. Recuerdo verte por las calles del barrio, colgado, y a mamá buscándote. Recuerdo a la vecina, la señora Emilia, ¿la recuerdas, hermano?, ¿recuerdas a la señora Emilia?, la pobre mujer nos guardaba el dinero porque no podíamos tener nada en casa porque te lo llevabas por las buenas o por las malas...*

—Ahora dicen que lo mismo me trasladan a Sevilla II, ya ves tú, eso me dijo el otro día un boqueras de estos, que me lo diría por tocar los cojones. ¿De qué me van a trasladar a mí, si todavía estoy pendiente de la sentencia de lo de Tirso de Molina?

...recuerdo la gente que te esperaba en el portal, y que se me echaban encima, —¿has visto al Tony?, dile que dé la cara, eh, que no estamos para bromas —me apretaban contra la pared y yo temblaba aterrorizada— igual nos entretenemos contigo. Los "amigos" que traías, que os encerrabais a pincharos en tu cuarto. —Recuerdo a la policía llamando a la puerta a golpes en mitad de la noche, y a mamá llorando. Eso es lo que recuerdo yo, a mamá llorando.

—... y aún tengo un careo por un estanco, pero a mí no me pillaron con nada, —negaba alzando la mano— fue al otro. Con un poco de suerte en verano estoy en tercer grado y afuera, ya me busco la vida, que yo no soy como estos muertos de hambre, que yo tengo contactos, y más ahora que estoy bien, que alguna fiesta me daré, pero nada que ver con lo de antes.

—No estás bien, estás como siempre, peor, se te está comiendo, la droga y "el bicho" ese que dices tú. Se te están comiendo y si sales seguirás por el carril.

—Tenía también lo de aquella pareja que tuve el juicio, pero de esa me libro, esos no estaban seguros de que fuera yo, me detuvieron por allí, pero en la calle hay mucha gente, lo que dije yo en el juicio, a ver si no voy a poder andar por ninguna calle porque me meten a mí todos los marrones, ¡menudos cabrones!, no te jode. Pero bueno que a vosotras os la suda, que con ese abogado que me buscasteis que es un mierda y que no tiene ni puta idea, me iría casi mejor con el de oficio, que a ese aquí lo conoce todo el mundo y no lo llevan más que los muertos de hambre, hostias. Que si me cae al final lo del estanco va a ser por vuestra puta culpa. —Golpeó el cristal.

Ella miraba aquel cristal sucio y algo empañado, miraba con gesto hierático y asentía a cada rato, aunque no le escuchaba, hacía mucho que no escuchaba. Había oído ya esas historias y eran todas la misma. Asentía y mirando a su alrededor le venía a la memoria Crimen y castigo de Feodor Dostoievski, que hablaba del delito y el sentimiento de culpa. Pensó que Dostoievski escribió libros angustiosos, desagradables, Crimen y castigo era uno, El jugador otro. Más tarde escribió Los hermanos Karamazov, y casi parecía alegre. Después Julia pensó en Bunín, que escribió Una aldea, y era una novela tan cruel como las de Dostoievski, tal vez con algún rayo de esperanza. Miraba hacia el cristal, asintió de nuevo y pensó en Nicolai Golgol que escribió Taras Bulba, de frío, estepa, caballos y cosacos, de honor y de un hijo que lo traiciona. Y después pensó en Chejov, en que escribía narraciones preciosas de llanuras nevadas, verstas y samovares, de reflejos en el hielo y vientos. Novelas que llegan al corazón, aunque llegan con dolor: pero ya su suave tinte violeta, borrado por la penumbra vespertina, había desaparecido, y toda la estepa se escondía bajo el crepúsculo, como los niños de Moisés Moiséich bajo la manta.

—Y metedme dinero de una puta vez, que si no, no me dan ni las medicinas. Aunque eso a vosotras os trae sin cuidado, ¿verdad? Si me pegan una paliza aquí por no poder pagar os trae sin cuidado, ¿no?, que me pudra, pues a ver si cuando salga no os va traer sin cuidado.

Y Julia asentía una vez más, sin oír, mirando con disimulo a la mujer del locutorio vecino, que lloraba. Y recordaba que Tolstói escribió *Resurrección*, sobre juicios, presos y mujeres, y que en esa novela une la belleza narrativa con la enseñanza moral, que refleja las injusticias y da luz a la esperanza, que es una novela de amor, y que el Nejliudov arrepentido recuerda un poco al autor. Después de *Resurrección* Tolstói escribió ya otras obras de menor calidad. Pensó también en Nabokov, que escribió *Ada o el ardor y Lolita*, e imaginó que debía de ser un hombre pródigo en vicios. De Gorki recordó que escribió *La madre* y que, seguramente, quedaría satisfecho por las aclamaciones recibidas, y porque le pusieran su nombre a una ciudad, y creería que había escrito la novela del socialismo, pero la novela del socialismo la escribió Sholojov creando un koljov lleno de sentimientos, matices y campos roturados en tierras del Don, a Gorki le hubiera encantado leerla, tal vez leyó la primera parte.

—Dile a la vieja que ya está bien de meterme ropa, que esto no es un desfile, que me meta dinero, que al final tengo que vender hasta los pantalones que me mete para comer algo decente y no la mierda que dan aquí, hostias. ¿Es que no ve que ahora estoy mejor?, pues que me eche una mano, coño, que parece que pasa de todo, con estar todo el puto día en la calle hablando con las asquerosas del barrio ya lo tiene hecho, y yo aquí jodido.

Miró su reloj, apenas faltaban un par de minutos, y entonces pensó que Ramón María del Valle Inclán escribió *Luces de Bohemia*, pero no se llamaba Ramón María del Valle Inclán, se llama Ramón José Simón Valle Peña, que Francisco Umbral escribió *Las señoritas de Avignon*, pero no se llamaba Francisco Umbral, se llamaba Francisco Alejandro Pérez Martínez, que Pablo Neruda escribió *Veinte poemas de amor y una canción desesperada*, pero no se llamaba Pablo Neruda, se llamaba Ricardo Eliécer Neftalí Reyes, que Ruben Darío escribió *Azul*, pero no se llamaba Ruben Darío, se llamaba Felix Rubén García Sarmiento, que Cecilia Böhl de Faber y Larrea escribió *La gaviota*, pero sí se llamaba Cecilia Böhl de Faber y Larrea, que Gabriela Mistral escribió Tala pero no se llamaba Gabriela Mistral, se llamaba Lucita María del Perpetuo Socorro Godoy, que Miguel de Cervantes escribió *El ingenioso hidalgo Don Quijote de la Mancha*, y se llamaba Miguel de Cervantes, pero el Saavedra lo encontró en la mitad del camino, que Alonso Fernández de Avellaneda escribió *El ingenioso hidalgo Don Quijote de la Mancha*, pero no se llamaba Alonso Fernández de Avellaneda, se llamaba...

Se escucha una sirena y un funcionario de prisiones llama con autoridad desde el acceso a los locutorios.

—*Adiós, hermano, adiós, espero que no salgas de aquí nunca.*

En la parada del autobús Julia mira sus zapatos desgastados. Se recoge en el abrigo. El zapato izquierdo tiene un arañazo profundo en su parte exterior desde hace días. No recuerda cómo se lo hizo pero nota que la tela ha comenzado a levantarse en el borde del arañazo y deja ya ver un interior negruzco, acartonado y barato, y piensa que tendrá que pasar por la zapatería del barrio donde tantos años trabajó como dependienta su amiga Consuelo, antes de casarse. Julia siempre compra allí sus zapatos, planos y sufridos. Junto a ella un niño juega con su abuela. Toca la pierna de Julia y le enseña dos cromos, de Naranjito y de Clementina, ella le sonríe y le acaricia levemente el pelo. Su abuela lo aparta un tanto, con gesto de disculpa. —Vamos David, no molestes a la señora. —A lo lejos, por la Avenida de los Poblados, aparece el autobús arremolinando el aire frío, húmedo y cansado del Barrio de Carabanchel. Julia mira un instante hacia el cielo gris plomizo y sube al autobús cuando ya en Madrid atardece.

***

Julia encendió el televisor. Emitían el Tour de Francia, los ciclistas rodaban por los Campos Elíseos y Julia recordó cómo se paralizaba la casa cuando su padre veía los resúmenes nocturnos de la Vuelta y del Tour, con Tony sentado a su lado. Recordó a su padre gritando: *ataca, Julio, hostias, ataca*. Aunque no sabía quién era Julio ni a quién tenía que atacar. Julia vio a los ciclistas rodar sobre los Campos Elíseos, pero durante poco tiempo, porque su madre vino y le apagó la tele.

Compramos algo de comida y unas cervezas y nos fuimos a pasear por la ribera del Manzanares y por el embalse de El Pardo. Hice alguna foto de Julia a contraluz, con el sol de la tarde reflejándose en el agua, no sé dónde estarán aquellas fotos. Hacía calor pero habíamos llevado una nevera de esas portátiles y las cervezas estaban frías. Bebimos sentados sobre una manta, entre los pinos. Después anocheció e hicimos el amor dentro del coche. Los cristales se empañaron.

—¿Sabes, Germinal? Me gustaría viajar a París, me gustaría ir allí algún día.

—¿A París? —Abrazados en el asiento trasero notaba como, poco a poco, su respiración se calmaba.

—Sí, ayer puse la tele y estaban echando el Tour, y me acordé de que siempre he querido ir, hacía tiempo que no pensaba en ello.

—¿Viste a Hinault?

—¿A quién? No sé, no sé a quién vi. La cosa es que vi París. —Se incorporó un momento para ajustarse el sujetador, que debía de incomodarle, y volvió a recostar su cuerpo sobre el mío—. ¿Sabes qué es lo que más me gustaría ver allí? Me gustaría visitar la tumba de Oscar Wilde, en el cementerio de Père-Lachaise.

No pude evitar que se me escapara una breve risa. —¿Lo que más te gustaría ver de París es una tumba?

—Tampoco es tan raro, creo yo. Cuando tú estuviste trabajando en Barcelona fuiste a ver la tumba de Durruti, ¿no? Y ni siquiera está Durruti dentro.

Me sorprendió su respuesta pero es que ella tenía respuesta para todo. —Bueno, fue una cuestión de presentarle mis respetos.

—Pues yo quiero ir a presentarle mis respetos a Oscar Wilde.

Busqué el tabaco y el mechero y encendí un cigarro, fumé apenas un par de caladas y se lo pasé. El coche se llenaba de humo pero afuera ya no hacía tanto calor, así que no entreabrimos la ventanilla

—¿Sabes?, —le dije— mi abuelo vivió en París, primero en Marsella y luego en París. Él me hablaba del barrio de Saint Denis. Me gustaría ver la calle donde vivió mi abuelo.

Unos metros más allá se detuvo un *124*. Encendieron la luz interior. Miramos hacia allí, era una pareja que seguramente había venido a hacer el amor, de momento discutían.

—Podríamos ir alguna vez, veríamos la calle donde vivió tu abuelo y la tumba que quiero ver yo. Y Montmartre y el Barrio Latino, las calles que recorrieron Zola, Baudelaire, Victor Hugo, Simone de Beauvoir...

El sudor había pegado algo los cabellos a su sien, deslicé mi pulgar por allí con delicadeza. —¿Y el Louvre, Notre Dame y todo eso?

—Bueno, también, claro, pero lo que me encantaría visitar es la biblioteca de Santa Genoveva, la Nacional y la de la Sorbona.

Asentí. Qué raro era ver a Julia soñar despierta, no solía hacerlo.

Le dije que iríamos a París juntos, se lo prometí y quedamos unos instantes en silencio. Ella tenía la cabeza apoyada sobre mi hombro y me besaba, metió su mano bajo mi camiseta y me acarició el pecho. Si la felicidad no es aquello, yo no la he conocido.

***

Mi padre trabajaba mucho y yo lo veía poco. Mis padres habían crecido en la posguerra y arañaban a la vida todo lo que podían por lo que pudiera venir. Cada tarde mi madre le hacía la comida, la ponía en una fiambrera, y él se la comía en el comedor de la fábrica al día siguiente. Después se quedaba a hacer horas extra. Los sábados iba a ayudar a su amigo Marcelino que tenía un taller donde reparaba radios Grundig y televisiones Telefunken. Allí iba mi padre y le ayudaba con las radios, que de eso aún entendía, o aprendió, después comía en casa y nos íbamos a dar un paseo, a veces con la familia de Julia, que vivían en el piso de arriba.

Los domingos, después de misa, nos íbamos hacia San Cristóbal, donde unos amigos tenían una casa con terreno por los campos de Madrid. Allí asábamos costillas, pollo y patatas y los chicos corríamos por las acequias y las huertas, tirábamos piedras a las ranas o cogíamos higos si los había. Después volvíamos a Puente de Vallecas, mi padre algo bebido, y al día siguiente comenzaba otra vez la semana, y mi madre se multiplicaba para atendernos a los cuatro, a la abuela y a la casa, y para hacer las cuentas. Tampoco te voy a decir que nos faltara nada, pero no sobraba. Heredaba mucha ropa de mi hermano Guillermo: camisas de cuadros, pantalones con rodilleras y jerséis horribles que tejía mi madre en las tardes. Alguna vez destejió alguno que se le quedó pequeño a Guillermo para hacer con la misma lana otro para mí que fuera más *de chica*. En casa de Julia era parecido, al menos hasta que murió su padre.

Julia y yo fuimos inseparables durante los años del colegio. Por las mañanas ella me tocaba al timbre e íbamos juntas a clase por la Avenida de San Diego. Era muy raro que cuando ella bajara yo estuviera esperándola, no sé si llego a ocurrir cuatro o cinco veces en aquellos años. Siempre tuvo más interés que yo por los estudios. Juntas pasábamos la mañana y parte de la tarde en el colegio Fernán Caballero y al salir de clase nos quedábamos jugando un rato en los descampados de la Avenida, o en los de Entrevías. Los chicos jugaban a fútbol sobre campo de tierra usando sus mochilas y algún arbolillo como portería. Medían a pasos donde poner la mochila y discutían sobre qué portería era más grande, después jugaban. Nosotras saltábamos a la comba o a la goma, jugábamos con alguna muñeca, o simplemente hablábamos. Más tarde nos íbamos a casa. Subíamos las escaleras y nos sentábamos en mi rellano, allí charlábamos unos minutos sobre lo imbécil que era la Verónica o el bigote que le estaba saliendo a Rubén, cosas así. Muchas tardes mi madre nos oía, abría la puerta y nos decía que entráramos a merendar, entonces Julia solía decir que no y se subía a su casa. Después ya hacíamos los deberes, yo casi siempre y Julia siempre.

De aquellos años recuerdo siempre que mi madre guardaba en la despensa ocho o diez botellas de aceite, conservas, café, azafrán, algo de chocolate, legumbres... eran recuerdos de un hambre y de unos tiempos de racionamiento que no dejaron nunca de acompañarla. También recuerdo que nunca vi a mi madre parada, creo que si estaba parada un minuto se sentía culpable, por eso envejeció tan rápido. Incluso por la noche, cuando veíamos algo la tele, ella siempre estaba haciendo punto, limpiando unas lentejas o rallando pan, y por el día igual, siempre cocinando, limpiando, abriendo ventanas y aireando colchones... Cuando no nos ponía rodilleras le quitaba el dobladillo a un pantalón, o venía de la compra y subía a casa de Julia a por la paellera para hacer un arroz, que mi abuela decía que aquello no se llamaba paellera que se llamaba paella, siempre decía eso mi abuela que había nacido en un pueblo de Castellón, y que estuvo en casa muchos años, hasta que murió. Mi abuela hablaba poco, o le hacíamos poco caso, cuando crecimos le fuimos haciendo más, creo. Mi abuela era la madre de mi madre. Mi abuelo había muerto en la guerra aunque de aquello nunca se hablaba, claro. Aún recuerdo, ahora me hace gracia, que de niña, en el colegio, el profesor nos habló un día de nuestros gloriosos soldados caídos por Dios y por España y yo llegué a casa y en la cena pregunté si el abuelo era uno de los héroes de la guerra. Se hizo un silencio en la mesa, mis padres dejaron de comer el puré y vi que mi madre me iba a dar una bofetada, pero se contuvo.

—No hables de esas cosas, ni aquí ni en el colegio, de eso no se habla —dijo mi padre con tono serio.

—No te metas en tonterías, eso no son cosas de niños —dijo mi madre que aún dudaba si darme o no darme aquella bofetada.

Yo los vi muy serios y comencé a llorar, o algo así, a hacer pucheros, no sé tendría seis o siete años, no más, y seguimos comiendo puré, todos en silencio. Todos menos la abuela, que miraba el puré pero que no comía, y que al rato dijo en voz muy baja, casi en un susurro —para mí, sí.

Así fue mi infancia: familiar, callejera y remendada. Así fue mi infancia y la de Julia, que fue igual, porque crecimos juntas.

***

Solíamos quedar en el café Gijón una vez al mes o cada dos meses, era nuestra forma de no perder el contacto.

Yo siempre llegaba pronto y me sentaba en alguna mesa de la derecha, cerca de la cristalera y, mientras aguardaba a Julia, oteaba desde allí a los parroquianos, tratando de descubrir entre ellos a Francisco Rabal, a Antonio Gala o algún otro rostro reconocible, pero nunca los vi, tan solo una tarde distinguí, en una mesa cercana, a Francisco Umbral, quien, con voz grave, sentaba cátedra entre sus contertulios. Y aproveché un momento en que su grupo se aclaró, porque la próstata tampoco perdona a los eruditos, para acercarme a saludarle. Me habló con cordialidad, aunque no me invitó a sentarme con ellos. También coincidí con el doctor Severo Ochoa, aunque en el café no lo reconocí, lo reconocí más tarde al verle en televisión, yo juraría que era él, que lo había visto en el café.

Por aquel entonces el Gijón estaba ya algo en decadencia, hay que reconocerlo. El servicio era cada día peor y los precios más caros, además pedía a gritos esa reforma que siempre se retrasaba, vivía más de los turistas que de los gatos madrileños. Nosotros, sin ir más lejos, hacía un par de años que habíamos trasladado nuestra tertulia literaria a un local que nos cedía el colegio Nuestra señora de la Paloma, donde era profesor mi amigo Oscar Bellido. Pero yo aún quedaba con Julia en el café y disfrutaba pisando aquel suelo frío, ajedrezado y rojizo, apoyando mi hombro en la madera noble de las paredes, saludando a Alfonso, cerillero y anarquista, que me saludaba pero que no me conocía, e imaginando que entre el humo y el gentío del local se escuchaba todavía algún verso de Federico o algún poema de Gabriel Celaya. Siempre he sido muy mitómano, ¿para qué negarlo?, y por eso, mientras aguardaba a que ella apareciera disipando el humo con su pelo corto y su sonrisa leve, me entretenía mirando con detenimiento a los clientes. Observaba la mesa situada bajo el espejo e imaginaba que aquel caballero de gesto serio que saludaba a un camarero era Don Santiago Ramón y Cajal, regresando de otra época para explicar sus avance sobre el sistema nervioso a algún alumno aventajado, o que aquel joven despistado, con cartapacio, era Jardiel Poncela que se disponía a repasar su última comedia, o que mi vecino de mesa, de frondoso bigote y mirada de genio, de voz rasposa, cabeza despoblada, cigarro en la mano y pliegos de papel sobre la mesa, era el gran poeta José Hierro: *...después de tanto todo para nada.* Y sin saberlo acertaba, bendita ignorancia. Era José Hierro pero yo no lo sabía porque vivía, yo, que no él, más de mitos que de realidades, y entre tanta gente y tanto humo, es difícil reconocer a quien no conoces.

La cuestión es que me gustaba quedar con Julia en el Gijón porque en aquel Madrid tan de moda, tan noctámbulo y tan vividor, el Café todavía se erigía como una especie de refugio para unos pocos literatos que fuera de allí no éramos nada y allí éramos algo, poco. Incluso un pequeño grupo de prosistas y líricos de calidad se reunían todavía en una mesa del fondo, casi cada tarde, después de terminar su trabajo como friegaplatos en el Ritz, como profesores, albañiles o taxistas. Como decía, allí parecía que éramos alguien y algunos caminantes que llegaban de provincias miraban a través de los cristales o entraban y escuchaban con disimulo a los tertulianos discutir sobre la novela de Sthendal, comentar *La torre herida por el rayo*, de Fernando Arrabal, o apostar sobre quién ganaría el mundial de fútbol. Y, seguro, nos creían grandes poetas malditos o cuando menos hijos secretos de Don Ramón Gómez de la Serna. Por eso me gustaba llegar pronto y disfrutar de unos minutos en soledad y aspirar el aroma del café reposando sobre mesa de mármol. Aspirando ese olor cerraba los ojos y meditaba unos instantes, porque el café Gijón es de los pocos lugares en que uno puede permanecer unos minutos con los ojos cerrados entre el gentío y el humo sin parecer un gilipollas, o al menos eso creía yo entonces. Y llegaba Julia, y se sentaba, y me contaba de ella y de sus proyectos, de que estaba ya algo cansada de Avellaneda y esperaba poder presentar la tesis en octubre, de que quería escribir algo más sobre Cervantes, sobre el viaje al Parnaso que le atraía, mucho: *llovían nubes de poetas llenas...* y Cervantes los cribaba separando la tierra del oro. Me contaba que tal vez lograra un contrato como profesora a tiempo parcial en la Universidad de Granada, para el curso próximo, que un profesor conocido suyo del departamento de Literatura Comparada había reducido su jornada, para participar en un proyecto de investigación, e iban a sacar a concurso aquella media jornada. Seguramente debería de terminar antes la tesis, y tendría que ir a Granada al menos dos días a la semana, pero no habría muchos candidatos con su currículum, no al menos que estuvieran buscando trabajo. Me decía que en casa necesitaban ese sueldo. También me hablaba de Germinal, de que su empresa quería que fuera al montaje de una instalación petrolífera en Argelia, que era para seis meses y se lo estaba pensando. Julia no quería que se fuera. De cosas así me hablaba, de cosas así y de su madre, ella siempre me hablaba de su madre.

Y yo le hablaba de mi trabajo en el instituto, en el Juan de la Cierva, de los alumnos, que me saturaban con su desinterés, del libro que estaba escribiendo, una biografía de Góngora que esperaba publicar a finales de año, con Cátedra, y también de Rocío, de que queríamos tener un hijo, de que yo quería que dejara de trabajar cuando llegara el niño. Entonces a Rocío y a mí todavía nos iba bien, más o menos bien.

Y después se iba, nos íbamos, por Recoletos hasta Colón. A veces Julia entrelazaba su brazo con el mío y a mí me intimidaba algo su cercanía, pero ella no lo notaba y me sonreía, y me decía: *nos volvemos al Madrid obrero, Ventura*. Si hacía calor caminábamos por el centro del paseo, que era un oasis de fuentes y de jardines entre el tráfico bullicioso, o nos sentábamos unos minutos, bajo una acacia, en el banco que hay junto a la estatua de Valle-Inclán, frente a la Biblioteca Nacional. A nuestro lado cruzaban niños y jubilados y ella me hablaba de las mañanas que pasaba en aquella Biblioteca, y yo atendía a cómo la brisa ligera jugaba a hacer volar hojas añejas y papeles olvidados, y a cómo dejaba, con disimulo, alguna flor sobre sus zapatos.

***

Estuve yendo por las tardes a un taller que había por Vicálvaro para aprender a soldar aluminio. Conocí al dueño en el montaje de unos almacenes y charlando de lo bien que lo hacían me dijo si quería él me enseñaba. Dicho y hecho, al día siguiente estaba en su taller. Quedamos en que iría todas las tardes y los sábados durante dos semanas, yo aprendería y él aprovecharía el trabajo que le pudiera ir sacando. Acepté porque me interesaba, entonces no había muchos talleres que soldaran aluminio por Madrid, pero estaba convencido de que en un par de días habría aprendido y que el resto del tiempo estaría trabajando gratis, vamos que creía que el acuerdo era muy bueno para aquel hombre. Bueno pues resultó que no lo era tanto porque no lo cogí tan rápido, ni mucho menos. Yo llevaba años soldando con electrodo y con hilo pero el aluminio era algo diferente, y no por los ajustes del gas y la potencia, que es lo de menos, el problema era que yo no había trabajado antes con un equipo de respiración y se me hacía horrible. Todo el tiempo me daba la impresión de que me ahogaba y no tenía el mismo pulso ni la misma seguridad al soldar. Al principio hasta le eché a perder algunas piezas, después lo fui cogiendo, aunque a las dos semanas seguía sacando la mitad de piezas que el dueño y que su hermano. Bueno, el caso es que aprendí y me vino muy bien, después he soldado mucho aluminio.

Pues una de aquellas tardes vino a buscarme Julia y estuvimos paseando de la mano por Valdebernardo. Al principio yo le hablaba de lo marcianos que eran los hermanos y de lo bonita que quedaba la soldadura de aluminio, y después le dije que me gustaría tener un taller de forja, pero para mí, no para trabajar sino para hacer figuras de metal, aunque para eso hacía falta una casa grande o una casa con corral o algo así. Por allí, por donde paseábamos, estaban construyendo pisos nuevos, Julia los señaló y dijo que aquello no me servía. Yo le dije que no pero que por el ensanche de Vallecas todavía había casas viejas de campo que estaban ya dentro de la ciudad y que no eran caras aunque necesitaran un buen arreglo y ella me dijo *sobre todo quiero que vivamos cerca de mi madre.* Lo dijo así, incluyéndose.

Cuando leo en cualquier sitio *Puente de Vallecas* todavía pienso en ella.

***

Aunque no fue culpa tuya.

Decía Delibes que la sombra del ciprés es alargada, y lo es, alargada y triste. Triste de señalar la muerte con línea de troncos altivos junto a tapia blanca, triste de ver como los caminantes se santiguan al acercarse. Triste de contemplar a los hijos que lloran a sus padres, y que serán llorados, años más tarde, en aquel mismo lugar. Sombra alargada de árbol triste, sombra de tumbas y de entierros.

—No veas, Manuel, no veas cómo cambia todo. El barrio ni lo conocerías, está lleno de andamios y de obras. En nuestra calle ya no quedan solares. Ha venido mucha gente joven, eso sí, pero es que antes nos conocíamos todos y ahora salgo y no conozco a nadie. Y muchas de las tiendas de siempre han cerrado. Nuestros vecinos siguen ahí, como siempre, bueno falta Don Genaro, ya te dije... que igual lo tienes por ahí, porque siempre fue buena persona. Y en la casa ya sabes, no te voy a engañar, todo el día haciendo cuentas para estirar el dinero, y por si teníamos pocos gastos pues encima cada día nos toca pagar más de abogados y multas de Antonio. —Niega con la cabeza—. En fin, que las multas ni las pago, pero al abogado si no le pagas no trabaja. Pero vamos, que ya no es solo el dinero, Manuel, es que el chico no levanta cabeza desde que te fuiste, aunque no fue culpa tuya, que lo sé, ¡qué más hubieras querido tú que seguir con nosotros! Pero desde entonces empezó a ir mal, a torcerse, y no he sabido enderezarlo, Manuel, no he sabido. —Niega con la cabeza y solloza—. Yo no entiendo de esas cosas que hacen los jóvenes, ni de la droga. ¿Qué sé yo de eso?, eh, ¿qué sé yo? —Ha comenzado a llorar, con la mano izquierda seca las lágrimas de un ojo, cubre un instante su cara y después seca las lágrimas del otro—. Y está muy mal, Manuel, yo no sé ni cómo va a terminar. —Mira al cielo un instante y trata de serenarse. Respira hondo—. Al menos la chica va bien, ya sabes, con sus cosas, como siempre. —Aún solloza algo—. Sigue con el chico ese tan raro. Algunas noches se queda en su casa, no quiero ni imaginar, solo espero que no nos llegue cualquier día embarazada y el otro si te he visto no me acuerdo, como la Raquel o la prima Amparo. Pero ¿qué le voy a decir? Sigue estudiando mucho, no para, y dice que le queda poco para terminar la dichosa tesis, pero yo no sé cuándo se va a poner a trabajar con la falta que nos hace. Que yo la animo a que siga, pero a ver si termina de una vez, que sus amigas ya hace muchos años que trabajan y la que no trabaja es por los niños, solo queda ella. Y eso que ahora ha empezado a trabajar dos días a la semana, en Granada, fíjate, tiene que ir hasta allí y se le va mucho en gastos, yo no sé... Si ves a sus amigas: la Patricia lleva muchos años en el supermercado ese, la Noelia en la fábrica, la Rebeca igual, pero la nuestra... Tiene muchos pájaros en la cabeza, Manuel, es muy buena, pero tiene muchos pájaros en la cabeza. Mira tú si no podía haber cogido ese puesto tan bueno que le ofrecieron de maestra. En fin, dice que le queda poco, a ver si es verdad. —Respira de nuevo hondo y mira hacia el cielo. Niega una vez más con la cabeza. A su alrededor una brisa ligera y tierna recorre el cementerio de La Almudena.

***

Julia viajó en tren a Granada para firmar aquel contrato a tiempo parcial como profesora en la Universidad. Durante el viaje sintió el tibio sol de otoño acariciar su piel a través de la ventanilla.

Regresó a Madrid y en Madrid lloviznaba aunque la lluvia no deshizo su sonrisa. Desde la estación de Atocha vino a mi casa, era aún por la mañana. *Venga, Germinal, vamos a celebrarlo, vamos a pasar el día por el centro, a sentirnos turistas.* Y salimos a las calles de aquel octubre frío de hojas húmedas.

Plaza de la Cebada con niebla, Plaza de la Paja suelo mojado. Barquilleros del parque del Retiro y atardecer junto al lago, pasos tranquilos en suelo de tierra.

Castañas asadas en los bancos de Recoletos, tabernas de la Cava de San Miguel, vinos y besos. Aquí vivió la Fortunata de Galdós, aquí bebió Hemingway. Y lluvia tenue que dibuja efímeros círculos en los charcos. Madrid de tu mano.

Pasadizo de San Ginés con farolas negras de luz amarilla, y cena en el bullicio de Malasaña con tu piel clara, tu pelo oscuro y tu aliento cálido. Alguna copa en un bar tranquilo junto a la Gran Vía, humo, alcohol, complicidad y música suave, de esa que deja hablar: *...me podrán robar tus días, tus noches no.* Un beso en el pelo y te ayudo a ponerte el abrigo.

Callejón de Preciados con nuestros cuerpos buscándose, con tus manos en mi espalda y las mías entre tu ropa, con tu lengua en mi boca. *Vamos a casa Germinal, que quiero hacer el amor.*

Y Plaza Mayor, con frío y abrazados, cuando ya casi amanecía. Dicen que de Madrid son cuatro gatos, aquella noche tú y yo fuimos dos de ellos.

***

No llovía pero el suelo estaba mojado. No había salido el sol, pero ya clareaba.

Me recuerdo con ocho años al pescante del carro, con el macho uncido y esperando que las campanas tocaran a maitines para salir a trabajar al campo. Tengo muchos recuerdos bonitos de los años en el pueblo, muchos. El otro día le estaba contando cosas de allí a mi nieta, y casi me emocionaba. Me acuerdo que le conté, ja, ja..., que nos comíamos las culebras, y me puso una cara de asco. Me dijo: *Eso sería cuando la guerra, ¿no?, abuelo.* —Qué va a ser cuando la guerra, chica, eso era de siempre. —A mi hermana Delia le daban asco, pero si se las dabas asadas ya se las comía ya. A mí no me daban asco, yo he comido muchas, allí mismo, en el campo; las limpiabas con la navaja, hacías fuego con cuatro ramas, les echabas algo de sal, que yo llevaba siempre en el bolsillo, y bien ricas que estaban.

Allá, en el pueblo, me gustaba ir a la escuela. Íbamos por las tardes, después de la faena. En clase alguno se aburría y se escapaba por la ventana, Don Miguel no les decía nada, y sus padres tampoco. Yo nunca me escapaba, al revés, atendía y preguntaba, y Don Miguel me cogió cariño, me explicaba todo con paciencia, me dejaba libros... Yo era el primero de la clase, y eso que había niños mayores. El padre Damián lo supo y un día habló con mi familia para mandarme a estudiar al seminario de Talavera,... pero no pudo ser. A mi padre no le importaba mucho si yo iba o no a la escuela, pero cuando Don Damián le dijo que servía para estudiar... en fin, sé que le hubiera gustado decir que sí, con todo lo bruto que era, que no recuerdo que nunca me diera un abrazo o una caricia, sé que aquello le dolió pero en casa sobraban bocas y faltaban brazos, y yo era el hermano mayor, no había vueltas que darle.

—*Llévese uno de los pequeños, si quiere.* —Fíjate que han pasado años y años, pues todavía me acuerdo como si fuera ayer de aquel día, por eso me dolió tanto que mis dos hijos no estudiaran. Si ellos lo tenían todo a favor. Y mira que su madre y yo les insistíamos, y que cada vez que traían malas notas sacaba yo el cinto y allí ardía Troya, pero ni por esas. A ver, que son buenos chicos, y trabajadores, y todo eso, pero ¡qué tontos fueron!, ¡qué tontos!, en fin. Yo creo que por eso le cogí tanto cariño a Julia desde pequeña. La veía con tantas ganas de aprender, de saber, de entender... Me veía un poco en ella, en lo que hubiera querido ser yo. Cuando mi hermana se quedó viuda nos la traíamos alguna semana a casa, a ella, al Antonio o los dos. En aquella época se criaron, un poco, con nosotros porque Sagrario estaba muy mal y el médico le dio unas pastillas que la dejaban dormida todo el día, así que algunos días se iba la Encarna a su casa y otros nos traíamos a los niños. Nos fuimos apañando como pudimos hasta que mi hermana levantó cabeza, que le costó, eh. Los demás hermanos se habían quedado en el pueblo, o en los de alrededor, así que nosotros nos encargamos de cuidarla.

Y Julia, Julita, siempre estudiando, siempre leyendo, siempre preguntando. —Se te cae la baba con la niña, me decía la Encarna. Teníamos que haber tenido una niña. —Ella estaba empeñada en que solo tuvimos chicos porque las dos veces se quedó embarazada en luna creciente y para tener niñas hay que quedarse embarazada en luna menguante. Eso fue una tontada que le dijo una vieja loca del pueblo un año que volvimos de vacaciones, y ella estaba empeñada en que había sido por eso. Pero bueno, sobre Julita algo de razón tenía en lo de que *se me caía la baba* con ella. Recuerdo, ahora, una cena de Navidad, una de las últimas que celebramos juntos en mi casa, Julia se sentó a mi lado, aquel año había terminado la carrera y estaba empeñada en ponerse con la tesis doctoral. Me contó todo porque a mí me encantaba oírle: había presentado una propuesta para hacerla sobre el Quijote de Avellaneda, que fue un escritor que, cuando Cervantes publicó la primera parte del Quijote, decidió publicar él la segunda. Pues con ello se puso Julita. Me dijo que no es que esperara desentrañar el misterio de quién lo había escrito, que su idea no era esa, su idea era reunir todas las teorías y analizarlas, más o menos hacer una lista de las ventajas e inconvenientes de cada candidato a Cervantes de hojalata. Calculaba que le costaría entre tres y cinco años terminarla.

—¿Tanto?

—Sí, hay que investigar y leer mucho.

—¿Aún te quedan libros sin leer?

—Alguno. Ja, ja... Alguno.

Recuerdo que le dije que igual sí que desentrañaba el misterio, y me contestó que era imposible, que muchos catedráticos e investigadores estaban convencidos de que su candidato era el bueno y lo juraban sobre la Biblia, aunque cada uno jurara o perjurara por uno diferente. Lo que ella quería era ser profesora en la Universidad y aquella tesis le sería de gran ayuda.

Yo sonreía mientras ella me llenaba una vez más la copa de vino: ¡Qué mayor te veo!, Julita, ¡qué mayor y qué seria! Si hace cuatro días eras una enana.

—Anda, tira, que eso de mayor suena a vieja.

Me contó que estaba muy ilusionada porque un gran catedrático, que casi nunca aceptaba alumnos de tesis, se había interesado por la suya y seguramente aceptaría guiarla.

A mis hijos yo les decía: *Estudiad, estudiad, que estudiar abre caminos.* Y ellos me contestaban:

—Tú no estudiaste, papá, y no te ha ido tan mal.

***

A veces, en las películas, aparece una fisura en el casco de un barco y el espectador ya sabe que aquel barco se va a hundir. El espectador lo sabe pero el protagonista no, él se cree que aquello no es nada, que tiene fácil solución y trata de cubrir la grieta con algún trapo o con las manos para que no entre más agua. Pero la fisura comienza a crecer en longitud y por donde antes tan solo se filtraba una lámina de agua entra ya un brote que parece el manar de una fuente. Y desde fuera todos saben lo que va a ocurrir, pero él aún no y busca un trapo más grande y algo con lo que achicar el agua, pero el agua entra ya sin mesura. Él, o ella, sigue achicando sin darse cuenta de que el agua le llega ya hasta la cintura y no va a poder solucionarlo. Tan solo cuando el barco está ya hundiéndose se hace consciente, lo acepta y piensa, ¿pero cómo ha podido pasar? Si apenas era una fisura. Eso fue un poco lo que pasó en mi relación con Pablo, bueno, lo que me pasó a mí, tal vez a él no.

Julia me ayudó mucho cuando me separé de Pablo, por eso aún me dolió más aquel... incidente. Nos habíamos conocido dos o tres años antes, en un seminario sobre escritura creativa que organizó la Universidad de Alcalá. Yo entonces trabajaba como profesora asociada en el departamento de Literatura Hispánica y la verdad es que cuando nos presentaron en aquel seminario ella no me sonaba ni tan siquiera de vista, a pesar de que tan solo había dos promociones de diferencia entre nosotras.

El caso fue que congeniamos. Yo había terminado hacía poco mi tesis doctoral, un análisis integral de la narrativa de Baroja, y Julia trabajaba en la suya. Nos entendimos rápido, no solo por la literatura sino porque teníamos una forma parecida de ver la vida, creo yo. Incluso hicimos algún trabajo juntas. Se notaba que ella iba muy justa de dinero, mucho, y yo no tenía ese problema. Recuerdo que, por eso, cuando el Ayuntamiento de Madrid me contrató para gestionar los encuentros con autores en varias bibliotecas municipales repartí el trabajo con ella. Julia se encargó de los trámites y yo coordinaba las sesiones. Me lo agradeció.

Pues eso, congeniamos, y yo a veces me enteraba de alguna charla o de algún curso que pudiera interesarle y se lo decía e íbamos juntas, incluso un par de veces quedamos los cuatro, Germinal y ella, Pablo y yo para tomar algo. Bueno, una vez para tomar algo y otra para ir a ver una exposición de Martín Chirino en la Fundación Juan March. Germinal y Pablo también se llevaban bien así que era agradable cuando nos juntábamos. Bueno, que eso ya da igual.

El caso es que Julia y yo algunas tardes trabajábamos juntas en su departamento, el de Lengua Española y Teoría de la Literatura. Quedábamos en su despacho porque a ella le interesaba que la vieran allí, trabajando, y a mí me daba más igual estar en un sitio u otro ya que Ramón Aranzadi, el catedrático de mi departamento, de quien yo dependía, era un encanto de persona y me daba mucha confianza. No como su tutor de tesis, Díaz Acevedo, que era de trato muy difícil.

Así que cuando estábamos las dos en la facultad comíamos juntas y por las tardes, si podía, yo trabajaba en su departamento, en una mesa cercana a la suya en la que no había nadie. Pasado un tiempo dejé de ir, y recuerdo perfectamente el último día.

Estábamos, como siempre, hablando de una mesa a otra, llegó Díaz Acevedo y saludó. Tenía un despacho propio dentro del departamento, entró allí. Cuando estaba cerca no solíamos hablar mucho para que no diera la impresión de que íbamos allí a pasar la tarde, cosa que no era cierta. Díaz Acevedo la llamó y Julia entró en su despacho aunque salió en un par de minutos, no sé qué le dijo pero me dio la impresión de que ella salía enfadada. A los pocos minutos salió él y se colocó detrás de ella viendo lo que escribía y haciéndole comentarios al respecto. Me dio la impresión de que no modulaba bien la voz y en la sala olía algo a alcohol. Me puse bastante nerviosa. Miraba hacia allí, en silencio y, no sé cómo explicarlo, era como si el sexo de él estuviera demasiado cerca del hombro de Julia, o al menos esa impresión daba desde donde yo estaba, igual me estaba confundiendo, pero vamos, que Julia movió su silla hacia el otro lado varias veces. Después él le apoyó la mano en la espalda y ella se apartó, aunque quedaba poco espacio al que apartarse porque casi tocaba ya el radiador, y no vi más, porque estaba ya muy nerviosa, muy incómoda y no sabía qué hacer, y al final recogí mis cosas y me fui. Llegué a mi despacho, me quedé de pie con los libros en brazos, seguía sin saber qué hacer, yo tampoco soy muy valiente, no me atrevía a volver allí, aunque me sentía fatal, me sentía culpable por irme. ¡Joder!, que yo no soy muy valiente.

Después estuve un rato en mi despacho, no mucho, algo así como media hora, pero claro no conseguía concentrarme en el trabajo, no me enteraba de nada y lo dejé. Al salir desde el pasillo vi luz en el de Julia, no se oía nada en su interior, no me atreví a acercarme. No me gusta contarlo. Me fui a casa. No sabía si llamar a Julia por teléfono o no, porque igual quería hacer como que no había pasado, o estaba enfadada conmigo, no sé, estaba muy atascada, además fue en esos días en que estaba mal, yo estaba tratando de arreglar las cosas con Pablo, y él no. Vamos que no la llamé y tampoco sé si la hubiera llamado si me hubiera encontrado bien. Pero se me quedó el dolor dentro, por no haber hecho nada, por no haberle preguntado.

La semana siguiente tuve las tardes ocupadas con la coordinación de la revista de la facultad y lo agradecí, porque me daba vergüenza verla y ella lo hubiera notado. Así pasaron unos diez días hasta que, por casualidad coincidimos en la cafetería, en la zona de profesores, y me senté a su lado bastante nerviosa. No sé, creo que estaba algo molesta, aunque no habló del tema, me dijo que los macarrones no tenían buena pinta y que el pan parecía de goma, también me preguntó por el curso que yo impartía, y yo le pregunté por un libro sobre Cristóbal Suárez de Figueroa que ella no conseguía localizar. Después, mientras comíamos, se hacía a cada poco un silencio y a mí esos silencios me parecían incómodos, como si fuera mi obligación llenarlos, aunque seguro que eran silencios normales, de los que hay cuando la gente está comiendo. Volvimos, más o menos, a la normalidad aunque es cierto que no volví a trabajar a su lado, supongo que ella sabía por qué. Para mí hubiera sido una angustia estar allí pensando que en cualquier momento podía aparecer Díaz Acevedo. Supongo que lo sabía, pero no me preguntó y me trataba con el cariño de siempre, aunque a mí se me quedó dentro lo ocurrido, y no sabía cómo sacarlo. Ni siquiera sabía si ella quería que lo habláramos, igual era una de esas cosas que yo le saco al tiempo, para tranquilizar mi conciencia, sin pensar en que ella no quiere que se lo recuerde. No sé, le di muchas vueltas, incluso se lo comenté a mi madre y me dijo que yo no había hecho nada de qué avergonzarme, pero claro, era mi madre, y le conté lo que quise. Me di cuenta de que la gente que es mala causa problemas a todos los que están alrededor, bueno, que esto se me ocurre ahora, igual es una tontería.

Al final pasó un tiempo hasta que me atreví a comentárselo, pero lo hice. Fue un viernes, Julia dijo que su novio salía tarde porque estaba terminando un trabajo en Hortaleza que no podían dejar a medias, y yo no tenía nada que hacer, como cada viernes. De hecho pensaba regresar a la facultad el sábado por la mañana para seguir trabajando. Le propuse ir a comer un bocadillo al Carranza, le dije que la invitaba porque había sido mi cumpleaños o por algo así. Habíamos estado ya allí un par de veces.

Entramos al bar, yo estaba nerviosa porque había decidido sacar el tema y no sabía cómo hacerlo, era un poco como si le quisiera invitar a salir y no supiera qué decir ni qué iba a contestar ella. El caso es que, en uno de los silencios, después de hablar algo sobre Eça de Queiros, respiré hondo y le pregunté que qué tal le iba con su director de tesis, ella me contestó: *bueno, ahí vamos,* o algo así. Dudé, no sabía cómo seguir, y al final simplemente le dije que me acordaba mucho de aquel día, y que no había sabido qué hacer. Ella me miraba, sostenía un bocadillo de bacon con queso entre las manos, lo había mordido. La mesa era pequeña y estábamos bastante cerca. Julia atendía con gesto inexpresivo y yo no podía adivinar qué efecto producían mis palabras en su ánimo. Cuando comencé a hablar yo también sostenía mi bocadillo pero me pareció inapropiado así que lo dejé sobre el plato. Lo cierto es que me temblaba algo la voz y creí que iba a llorar, soy muy llorona, pero sé que me expliqué bien. Ella sostenía aún el bocadillo, bebió de su botellín con la otra mano y lo dejó de nuevo sobre la mesa que era roja, de plástico, y ponía *Beba Coca-cola.* Nosotras bebíamos cerveza.

Cuando terminé de hablar habló Julia.

—Claro que lo recuerdo, Belén, ¿cómo voy a olvidarlo? —Su gesto era serio—. No te des mal, no fue culpa tuya.

—No sé, debí de hacer algo... Yo no soy muy valiente Julia, lo pasé mal... Lo siento.

—No te preocupes, Belén.

Se hizo el silencio durante unos segundos. —¿Y suele ponerse así?

—¿Cómo aquel día? No, tanto no. Pero bueno, parecido sí.

Yo no dije nada, ¿Qué iba a decir? Dije *Lo siento* que era como no decir nada. Julia continuó hablando.

—A la mínima me está poniendo la mano en el hombro, me coge del brazo, algún día me dice que voy marcando todo con ese jersey, bueno..., lo que se le ocurra.

Las dos habíamos dejado de comer. —¿Y no se puede hacer nada?

Ella bebió, creo que lo hizo para parecer serena, no sé. —¿Hacer? Pues no, Belén, no se puede hacer nada, exactamente. Al menos nada que me permita terminar la tesis. ¿Qué crees, que no lo he pensado? Es un baboso, un cerdo. La semana pasada me dijo, *podría irte mejor si no fueras tan rancia, chica, que a las que son más cariñosas les va mejor.* —Esbozó un gesto de resignación—. Y ¿qué hago? Si pongo una queja en la Universidad o en cualquier sitio, ¿qué arreglo? No sé si a él le echarían una bronca o algo así, o nada, pero seguiría donde está y yo me voy a la calle. ¿Y quién va a dirigir mi tesis a estas alturas? Nadie me va a aceptar, los profesores se conocen, nadie quiere problemas. Es lo que hay.

Se hizo un silencio, yo hacía rato que no sabía qué decir.

—Aquel día fue el peor, normalmente no es para tanto. Al menos ya me queda poco para terminar.

—¡Qué mal! —No supe decir más.

Ella asintió con la cabeza y yo aparté el plato con mi bocadillo, se me había quitado el apetito. Estuvimos unos minutos en silencio. Julia comió algo y se levantó a por otras dos cervezas. Ambas necesitábamos ese momento separadas. Regresó enseguida.

—Una cosa, Belén, a Germinal, de esto, ni una palabra.

Nos abrazamos al despedirnos. Y me fui a casa con la conciencia tranquila al ver que Julia no me reprochaba nada, pero con un nudo en el estómago y mal sabor de boca por su situación, como si hubiera cambiado un malestar por otro, no sé. No me gusta hablar así, pero fue como si cambias una mierda por otra mierda.

***

Álvaro Tarfe fue el único que conoció a los dos Quijotes, al de Avellaneda y al de Cervantes. Él era quien mejor nos podría haber hablado de sus parecidos y de sus diferencias. Conoció al de Avellaneda en Argamasilla, e hizo anidar en su distraída cabeza la idea de acudir a las justas de Zaragoza. Y más tarde Cervantes le hizo llamar al mesón en el que descansaba su Quijote para que testificara ante el alcalde que el suyo era el auténtico.

Don Álvaro solía contar que a los dos Quijotes les cogió cariño.

Julia escucha el silbido del café en la cafetera y deja sobre la mesa el bolígrafo con el que tomaba notas. Dobla por la mitad los folios que contienen el artículo *Una nueva conjetura sobre el Quijote de Avellaneda*, de Menéndez Pelayo, y los coloca, sin mucho cuidado, dentro del libro de Hartzenbusch con el que estaba trabajando. Se levanta y se dirige a la cocina de baldosas blancas, allí aparta la cafetera humeante del fuego y lo apaga. Café solo con algo de azúcar en taza de loza. Después regresa tranquila y descalza por el pasillo, vistiendo aún el pijama corto de verano que ha pasado la noche arrugado sobre el suelo, al pie de la cama.

En el dormitorio coloca la silla de madera en el diminuto balcón. Allí apenas caben dos sillas, la suya y la de Germinal, muy próximas la una a la otra. Germinal ha ido a trabajar, no regresará hasta la tarde, así que Julia se recuesta apoyando la cabeza en el cristal de la puerta del balcón y colocando los pies sobre la barandilla de hierro negro. Piensa que las contraventanas de madera no ajustan bien, y dejan entrar la luz en la mañana, aunque a ellos no les importa. Bebe un sorbo de café y observa, abajo, el tráfico de la calle y a los viandantes apresurados. La cubierta de la estación de Atocha le oculta el bullicio de su interior.

Algunos árboles pueblan las aceras y dos tórtolas charlan sobre un cable de teléfono.

Algunas noches de verano, después de cenar, Germinal y ella cogen una botella de vino y dos vasos de cristal, colocan las sillas en el balcón y apagan la luz del dormitorio. Dejan en el suelo el cenicero, el mechero y el tabaco y Julia coloca sus pies sobre el regazo de Germinal. Beben y hablan mientras él le acaricia las piernas. Cuando el vino se va terminando Julia comienza a pasar su pie despacio por la entrepierna de Germinal hasta ir poco a poco notando su erección. Entonces, con voz que finge ser tímida, le dice:

—Oye, que lo mismo te estoy molestando. Si quieres paro.

Y el ríe y contesta algo así como *No, mujer, sigue, que no quiero cortarte el rollo.*

Y después hacen el amor sobre la cama, sobre la alfombra de lana y sobre el suelo de madera mientras a través de las puertas abiertas del balcón les llega el sonido de Madrid en una noche de verano.

***

Conocí a Julia en la Biblioteca de la facultad, donde yo trabajaba. Al principio venía poco pero cuando lo hacía estaba todo el día. Por la edad me recordaba a mis hijos, por la fuerza no. Julia tenía un empuje que impresionaba: preguntaba, insistía, buscaba... Recuerdo que me hacía esforzarme en mi trabajo; me hacía revisar las fichas, los archivos, los documentos almacenados... Era un torrente de energía con palabras suaves y cariño que se contagiaba, y terminaba yo buscando los libros y datos que ella buscaba, para ayudarle.

Así era Julia, transmitía su pasión. Llegaba, me sonreía, me preguntaba por mi marido, por mis hijos, por mi cadera, y comenzaba a hablarme de Tirso de Molina y de Manuel de Villegas; del teatro popular de Lope de Rueda y del burro que perdió Sancho. Y ya estaba yo en mis ratos libres separando *La garduña de Sevilla*, de Castillo Solorzano para buscar concordancias sintácticas con Avellaneda. Con el carnet de doctorando ella podía tomar prestados cuatro libros, pero yo le permitía llevarse siete u ocho. Era delgada, casi no podía con tanto libro, pero se los llevaba, y a los días regresaba y me comentaba cada uno.

Cuando venía, se sentaba siempre en aquella mesa de la esquina. Llegaba a la hora en que abríamos. En un par de ocasiones en que aquel sitio estaba ocupado torció el gesto y miró al ocupante como si le hubiera robado algo, eso me pareció gracioso. Recuerdo que le dije que si me avisaba cuando fuera a venir, yo le guardaba aquella mesa, y ella me dio las gracias pero nunca me pidió que lo hiciera. El caso es que se sentaba allí con un libro, con La vida y hechos de Estebanillo González o con el *Amadís de Gaula*, y comenzaba a leer y a tomar notas. En alguna ocasión fotocopiaba algo, pero normalmente no se levantaba del sitio. Después, a mediodía o casi a la hora del cierre, me comentaba lo leído. Entonces era cuando se veía lo inteligente que era, fue lo que más me impresionó de ella desde el primer día, y por eso resultaba difícil olvidarla. Antes de bajar a comer ya me estaba dando una charla sobre el texto que me había pedido por la mañana, sobre la época, sobre la sintaxis o sobre sus relaciones con *El Guzmán de Alfarache* y *La vida del escudero Marcos de Obregón*. Para mí eran lecciones magistrales, para ella tan solo comentarios sueltos.

He visto a muchos de los profesores por la biblioteca cuando eran estudiantes como ella, pero pocos tenían su inteligencia. Además era muy metódica, estricta, se marcaba un horario de trabajo y lo cumplía. Tomábamos café juntas a las once y después, sobre las dos y media, se acercaba a charlar unos minutos antes de bajar a comer. Recuerdo que no solo hablábamos de literatura, también de su vida y de la mía. Ella vivía por Vallecas, me hablaba del barrio, de su pareja, también de su madre. Era hija única y su padre había muerto tiempo atrás.

Ya he dicho que al principio venía poco pero, a partir de un día, cambió; comenzó a acudir a mi biblioteca dos o tres veces por semana y se quedaba todo el día. Me extrañó que viniera tanto y se lo comenté, ella me dijo que trabajar sola en el departamento le agobiaba, que le apetecía ver gente, pero no le creí, algo ocultaba. Creo que ya he dicho que podría ser su madre, y mi hija mentía mejor que ella, mi hija venía con su amiga Sandra y me decía que iba a ir a dormir a su casa y a los meses me enteraba de que no era allí donde dormía, o me cogía dinero de la cartera y lo negaba ante la Santa Inquisición si era necesario, aunque la sorprendiera mientras lo hacía. Mi hija de adolescente era un tormento, después ya no.

***

Libreros de viejo. En el Siglo XVII Juan de Saldierna compraba y vendía libros usados por el Madrid de los Austrias, que entonces era todo Madrid. El negocio marchaba a regañadientes, a trasquilones, las preocupaciones, por el contrario, eran continuas, sobre todo desde que la Hermandad de Mercaderes de libros de San Jerónimo trataba de prohibir los puestos callejeros. Aquella mañana Juan había recorrido la villa bajo el sol de julio intentando localizar más ejemplares con los que mercadear. A mediodía, cansado, se sentó a comer algo y a descansar en una fonda de la calle de las Carretas. Una breve siesta con los brazos cruzados y la cabeza apoyada sobre la misma mesa en la que había comido y se acercó hasta la Plaza de Santa Cruz, donde había acordado encontrarse con un trapero para comprarle libros, al peso, según creía. En un portal de la plaza saludó a aquel hombre hosco, de manos sucias y entró con él hasta el patio interior del edificio donde revisó los trece volúmenes amontonados en el suelo. Sobre alguno de ellos una gallina había hecho ya sus necesidades.

—¿No serán robados?

—¿Robados?, ¿qué dice usted? Si son de Don Diego Órtiz de Zúñiga. Ha muerto de peste en Sevilla, y su hijo me dijo que vaciara el dormitorio de su casa de aquí, que me llevara todo.

Negó con la cabeza. —O sea que lo mismo me cojo la peste con estos libros.

En un primer vistazo, que fingía desinterés, ya calculó que allí había ganancia: varias recopilaciones de Lope entre las que estaban Fuenteovejuna, Peribáñez y el comendador de Ocaña, La dama Boba… También las primeras ediciones de los tres Quijotes, los dos de Cervantes y el de Avellaneda. Todo aquello estaba muy de moda en Madrid, desde luego había merecido la pena la visita, el paseo hasta aquella plaza. Se venderían bien, sobre todo lo de Lope. Torció el gesto.

—¿Sabes si están autorizados por el Santo Oficio? A mí no me suenan de nada, y no quiero problemas después, que a cada poco tengo a los familiares revisándome el puesto para ver si vendo libros prohibidos.

—¿No van a estarlo? Don Diego era un hombre muy piadoso, no ofenda usted su memoria. —Se subió los pantalones y apartó con el pie un perrillo que se acercaba a olisquearle. —Hablemos del precio que ya habrá visto usted que son estos unos libros muy principales.

Juan devolvió el Quijote al montón de libros con dejadez. —Treinta años llevo en el oficio y no los había oído. —Estaba seguro de que aquel hombre no sabía leer.

Pero el trapero señaló uno del montón. —No me diga usted eso, que ya sé yo que ese de ahí es de Lope de Vega.

El librero anduvo rápido en la respuesta. —Sí, ese sí, ese sí, pero el resto...

—Bueno, ya va usted conociendo alguno... —Se sonrió—. Mírelos bien y si le interesan hablamos y si no me paso por los libreros de la Calle Mayor a ver si allí tienen mejor memoria.

Juan fingió no oír. Leer no sabría, aquel trapero, pero negociar sí. —Bueno, a ver, ¿cuánto quieres por todo eso?

La recuerdo aquí, en la Cuesta de Moyano, era noviembre y era de noche, en noviembre casi siempre es de noche. Olía a humedad y a hojas de árboles y de libros. Y ella estaba ahí mismo, en aquella librería del fondo hablando con el librero o revisando las cajas. La recuerdo ahí, abstraída del gentío y del otoño, inclinada hacia adelante, con el pelo recogido y algún mechón cayendo sobre su mejilla, apoyando de vez en cuando su mano cálida en mi antebrazo sin distraer la atención de lo que leía. *Mira, Germinal, mira que interesante este: los seis poemas en gallego de Lorca, o mira que interesante, aquí se titula Guerra y paz y en este otro La guerra y la paz...,* todo era interesante. Me gustaba venir con ella a la Cuesta, además siempre he pensado que comprar libros usados tiene algo de anarquista, de cultura que circula, que llega a muchos. Julia no pensaba igual, para nada, Julia me hubiera vendido antes a mí que a uno de sus libros, ja, ja.

Recuerdo que en aquellos días yo estaba interesado en las colectivizaciones agrarias y encontré por aquí los tres tomos de *La CNT en la revolución española* de Peirats, que tratan el tema. Los estuve hojeando, dudaba, Julia me decía que los cogiera.

—Ya los cogeré otro día.

—Otro día no estarán.

Pero yo tenía tanto pendiente de leer que los dejé y salimos camino de Atocha. A los pocos metros me pidió que la esperara un segundo, que había olvidado preguntar una cosa y regresó con los libros de Peirats. La abracé y la levanté en el aire

—No te emociones, que a final de mes seguro que tengo que pedirte dinero.

***

Yo tuve un hermano de plata.

En el instituto Tirso de Molina había un grupo de teatro en el que podían inscribirse los alumnos que lo desearan. En ese grupo también participaba algún profesor que no había perdido la ilusión de sentirse niño y de vivir otras vidas. Lo había creado Carmen Romeo, profesora del departamento de Lengua y Literatura, era gratuito y ensayaba los jueves, también los martes si había alguna representación cercana. El primer año tan sólo representaron sus funciones en el salón de actos del instituto, pero a partir del segundo, y animados por otro profesor, Juan Alberto González, comenzaron a participar en algún ciclo de teatro, como el de Alcobendas, donde representaron *La playa vacía*, de Jaime Salom, o el del Teatro del Barrio de Lavapiés donde coincidieron, incluso, con la compañía del Teatro Estudio de Madrid, que representaba *El sueño de la razón*. Carmen Romeo no se sentía del todo cómoda con esta apertura al exterior de su pequeño grupo, porque esta expansión cambiaba algo los roles de los alumnos, dificultaba que se turnaran en los papeles principales como hacían en las primeras funciones. Para las nuevas obras los papeles importantes recaían siempre en los mismos, los que mejor representaban y más transmitían. Los alumnos, en cambio, estaban encantados de representar su obra fuera de los límites del instituto.

El grupo cada año tenía más éxito. En alguna ocasión Carmen miraba hacia atrás y recordaba lo que había costado ponerlo en marcha, y se sentía orgullosa del trabajo hecho. Le bastaba con esa satisfacción, no necesitaba que nadie le agradeciera nada. Recordaba que cuando aquel grupo comenzó a andar tan solo había tres alumnas en él, tres chicas: Rosa, Ana y Ainhoa que le habían comentado que les gustaba el teatro y a quienes Carmen propuso comenzar con los ensayos. Las alumnas hablaban de representar textos modernos y musicales, Carmen hablaba de representar textos clásicos, pero sabía que se pondrían de acuerdo. Estuvieron varios meses las cuatro solas. Durante ese tiempo Carmen invitó a unirse a muchos alumnos, tanto durante las clases como de forma individual, pero sin éxito. Sin embargo, para marzo Vanessa Hierro, que era amiga de Ainhoa, se animó a participar al saber que estaban ensayando una coreografía de Nino Bravo. Vanessa era una de las chicas más atractivas del instituto, quince años, ropa ajustada y cuerpo de ola, que cantaba Hilario Camacho. Bullían las hormonas por los pasillos y las aulas y en dos semanas cuatro alumnos querían hacer teatro, alguno, como Javier, con la ilusa idea de que el guion le obligara a besar a Vanessa. Vivimos de ilusiones.

Cuando Julia comenzó a ensayar con el grupo eran ya nueve personas. Si no se inscribió antes fue tan solo por timidez, Carmen le había insistido constantemente. Julia también prefería, ya entonces, los textos clásicos

Aquel año preparaban *Oficio de tinieblas*, de Alfonso Sastre, e iban a representarla en el Festival de Teatro Aficionado de Pozuelo de Alarcón en septiembre, así que en lo posible ensayarían durante el verano. La elección de la obra a representar no había sido sencilla, nunca lo era. Hubo debates, propuestas serias y desvaríos. Al final además de la obra seleccionada quedaron como posibles elecciones una versión de *Romeo y Julieta* adaptada a los tiempos actuales y *El Principito*, pero hubo que descartarlas porque en ellas aparecían pocos personajes para tanto artista como allí había. Así pues, al final los alumnos se decidieron por *Oficio de tinieblas*, y digo los alumnos porque desde luego no era una de las opciones de Carmen, pero con el tiempo los hijos comienzan a andar solos y eso fue lo que ocurrió con aquel grupo de teatro, que comenzó a andar solo. Además, para entonces Alfonso Sastre había pasado ya por Carabanchel y eso le daba cierto aire romántico entre los jóvenes. Las obras que habían sido censuradas gustaban aunque fueran malas. Prepararon la obra en primavera y ensayaron en verano.

El nueve de septiembre cruzaron Madrid en un autobús alquilado, Julia estaba ilusionada porque hacía el papel de prostituta, uno de los principales. La representación fue bien

Terminó la obra y el autobús cruzó de nuevo las calles de un Madrid nocturno y cálido. Julia hizo ese viaje sentada junto a Nacho hablando del teatro; de lo mucho que habían preparado aquella función, de lo nerviosa que había notado ella su voz, de la Escuela Superior de Arte Dramático de Málaga que había actuado después..., Raúl Sanchís sacó de su mochila una botella de coñac que había robado en casa para celebrar la ocasión, y la botella pasó de boca en boca sin que los profesores vieran o quisieran ver. La mano de Nacho se colocó sobre la de Julia, que no la apartó. El autobús se detuvo frente a la puerta del instituto. —¿Tomamos algo en el *Zeta*? —preguntó Nacho. Y Julia asintió.

Apoyados en una columna en la que no cabían más pintadas de spray y de rotulador, los dos botellines de cerveza sobre la repisa y flotando entre el humo *Maneras de vivir*. Julia y Nacho se besaban apasionadamente. De vez en cuando la mano de él trepaba por el cuerpo de Julia tratando de acariciar sus pechos sobre el jersey y ella, sin dejar de besarle, los defendía interponiendo el codo como buenamente podía. Para Julia eran sus primeros besos, al menos los primeros apasionados. No había besado antes así y sabía que Nacho era el chico de su vida, que aquella magia no se rompería nunca, que había acertado a la primera. Le gustaba Nacho desde antes de que empezaran a hacer teatro juntos y ahora estaba con él, y era para siempre. De pronto la gente comenzó a empujar, Nacho protegió a Julia con el brazo. Al fondo del bar parecía haber una pelea, un camarero saltó la barra y se abrió camino hacia allí. Enseguida el tumulto se acercó hacia donde se encontraban y se apartaron. Pasaron a su lado, eran el dueño del local y el camarero que había saltado la barra, sacaban del bar a un chico por la fuerza, el chico se resistió algo y recibió un fuerte puñetazo en la cara mientras continuaban arrastrándolo hacia la puerta sin contemplaciones. *Un yonki de mierda que estaba fumándose un chino en el váter* y Julia que corre hacia la puerta porque entre los golpes y empujones lo ha reconocido. Yo tuve un hermano de plata.

***

He visto más veces el mar por trabajo que por placer. De crío una vez mis padres nos llevaron a Finisterre y, desde entonces, cuando alguien me preguntaba qué quería ser de mayor yo decía que quería ser farero.

Un verano Julia y yo fuimos de vacaciones a Altea. Salimos de Madrid por la carretera de Valencia. Íbamos en el Seat *131* de mi viejo, me lo dejaba cuando hacía un viaje largo porque el mío estaba peor, o al menos esa era la idea, porque al poco de salir de Madrid se nos averió. Habríamos hecho ochenta o noventa kilómetros, no más, y de repente la palanca de cambios se quedó muerta. Fue al salir de un cruce, metí segunda, tercera y escuché un ruido raro, se jodió algo y el coche se quedó en tercera y sin poder cambiar. Al final paré en el arcén, no sabíamos bien qué hacer, allí en agosto, en mitad de la nada. Al menos llevábamos un mapa, lo miramos, había un pueblo cerca, apenas unos kilómetros más adelante. Por el tamaño con el que aparecía marcado en el mapa no parecía pequeño. Antes de hacer autostop para ir hasta allí y llamar a la grúa, traté de arrancar el coche en tercera, y lo conseguí. Así que, con bastante miedo, comenzamos a conducir entre el tráfico espeso, y fuimos llegando hasta aquel lugar. En la entrada del pueblo paré a un lado, cien metros más allá encontramos el taller. Así llegamos a Fuentidueña de Tajo. Aunque la carretera nacional pasaba por allí ni a Julia ni a mí nos sonaba el nombre.

Hablé con el del taller, me dijo que estaba a tope pero que lo acercáramos a ver qué era. Y empujamos el coche al interior, hasta que quedó sobre el foso. Yo bajé con él porque entiendo algo de mecánica. Pero vamos, en que le expliqué lo que había pasado ya me dijo que se habría roto alguna pieza de la transmisión del cambio. La verdad es que aquel tío no me cayó bien y quise mirar con él a ver qué le pasaba al coche, no pareció importarle. En el foso alumbró la zona:

—¿Ves? La pieza se ha roto y la has perdido. Es un enganche metálico, una placa, que va de aquí a aquí. —Yo asentía.

—Soy soldador, la podría hacer yo mismo.

—A ver, yo también puedo hacerla, pero espera un poco que voy a llamar al desguace.

Salió y llamó por teléfono, enseguida colgó. La verdad es que nos atendió al instante. Se acercó a Julia y a mí.

—He hablado con el desguace de Tarancón me dicen que tienen un *Supermirafiori* allí, si quieres le quitan la placa y mañana al mediodía la tengo aquí. Así que ya como veáis, si queréis que le hagamos un apaño se lo hacemos y si queréis esperar a la pieza mañana por la tarde está puesta, es la misma que lleva este.

Dudé unos segundos. Si hubiera sido mi coche lo hubiera apañado y a seguir, pero con el de mi viejo era más faena. Si no se lo reparaba bien allí, tendría que hacerlo en Altea, buscar otro taller, perder tiempo de vacaciones. Lo comenté un poco con Julia, el mecánico había vuelto a lo suyo. Yo prefería que nos quedáramos, aunque era una putada, pero estas cosas pasan. Julia sonrió y asintió.

—Claro, hay que arreglarlo bien, es el de tu padre. Nos quedamos hasta mañana, no le des más vueltas.

Me acerqué de nuevo al mecánico.

—Es lo mejor, —me dijo—. Me ha dicho que mañana sobre la una me traen la pieza, puede ser más tarde, que los conozco. Pero en cuanto la tenga te la monto. Pásate a las cuatro, cuatro y media, para entonces la tienes montada.

—Gracias, tío, nos haces un favor.

—De nada. Si pudiera arreglarlo antes lo haría —se encogió de hombros—, me da pena que una pareja de recién casados pierda días de su luna de miel. —Le sonreí y no dije nada—. Allí en aquella plaza hay un hotel, suele haber sitio.

—Le di la mano, gracias, tío. ¿Cómo es que no cierras en agosto? Debes de ser el único de España.

—¿Cerrar?, ¿estando en la carretera que va de Madrid a la playa? Yo vivo del turismo.

Se portó muy bien aquel hombre. No sé por qué he dicho que no me gustó, imagino que me suele pasar en los talleres, que siempre creo que van a tratar de engañarme. Bueno, pues cogimos algunas cosas del coche y las metimos en una maleta que vaciamos en el asiento de atrás. Y así caminamos por el pueblo. Hacía ya mucho calor.

Creo que la imagen debía de ser bonita: a pleno sol, yo con la maleta y Julia con sombrero y un libro en la mano, no sé cuál sería. Recuerdo que le dije: *Es mala suerte, joder, ya lo siento* o algo así, como si fuera culpa mía y ella dijo *No es culpa tuya, ¿Lo has roto tú? Vamos a ver este pueblo y mañana a la playa* o algo así. Julia sonreía y me besó, eso sí que lo recuerdo. Sandalia plana, vestido ligero de verano, pelo corto y pendientes de aro.

—¿Sabes lo que me ha dicho el del taller? Que le fastidia que perdamos días de la luna de miel. Claro, ha visto que me miras así embobada.

—Ja, ja ¿y qué le has dicho?

—Que sí, a ver si nos arreglaba el coche antes.

—Le has dicho que sí porque te has ilusionado. Te has creído que yo sería tu mujer, iluso.

—Ja, ja.

El hotel aquel, o pensión, era un lugar de esos para camioneros, barato y con poca comodidad. La patrona nos buscó una habitación en la que no daba el sol por la mañana y hacía algo menos de calor.

—No me hagáis mucho ruido por la noche que la gente madruga y se quejan enseguida. —Me tendió la llave—. Si no sabéis qué hacer esta tarde podéis iros a la vega del río, allí se está fresco, y podéis bañaros si os apetece.

La habitación era sencilla, casi austera, pequeña limpia y funcional, con una ventana por la que apenas se veía un terraplén con escombros y arbustos. La habitación era sencilla pero en ella nos amamos. Julia se tumbó sobre la cama y suspiró, yo me tumbé a su lado, la besé y acaricié su espalda. —Por el día se puede hacer ruido lo ha dicho la jefa—. Ella rio y nos besamos mientras la acariciaba, y Julia colocó su mano entre mis piernas. Nos amamos en muchos sitios, en aquella habitación sencilla fue precioso.

—Luna de miel falsa y noche de bodas a mediodía, ¡qué poco te esfuerzas! —me dijo mientras nos abrazábamos desnudos, su cabeza sobre mi pecho.

Debimos de comer allí mismo, en el hotel. A media tarde metimos los bañadores y una toalla en la maleta, también la sobrecama, y nos fuimos hacia la orilla del río. De camino compramos pan, embutidos y cervezas y bajamos con nuestra maleta por una calle que llevaba en apenas unos minutos hasta la vega del Tajo. Nos habían dicho que camináramos algo río abajo, hasta el merendero que había junto a una chopera, cerca de un puente de hierro.

Allí extendimos la sobrecama entre la hierba, cerca del agua, que no era muy profunda. Hacía mucho calor pero corría algo de aire y a la sombra se estaba bien. Julia se sentó sobre la manta con la espalda apoyada en un árbol, abrió una lata de cerveza y bebió un sorbo.

—Es bonito Altea —dijo—, lo imaginaba de otra forma.

Y nos bañamos, nos reímos y nos besamos mientras el viento volteaba las hojas de los chopos.

Los dos tumbados sobre aquella manta en una arboleda, escuchando el susurro del agua, yo acariciando su piel con una brizna de hierba, como si escribiera sobre ella, y sus labios diciendo que me quería. Eso es lo que recuerdo yo de aquellas vacaciones en Altea y de aquella *luna de miel*, la única que tuvimos.

***

Vivíamos en Arganzuela, cerca ya del Manzanares, en el Paseo de la Chopera. Cuando Julia y yo quedábamos, en el Gijón, solía coger el metro en Legazpi hasta Banco de España, pero si el sol templaba el cuerpo y olía a primavera iba caminando.

Aquella tarde fui a pie, pero no por la primavera, sino porque necesitaba pensar, pensar en mí y en Rocío. Por eso recorrí sin prisas el Paseo de Santa María de la Cabeza, con las manos en los bolsillos, llegando hasta la Estación de Atocha y entrando por allí en el Madrid más señorial, el de las grandes avenidas, con sus bancos viejos y sus álamos cansados, con sus fuentes de piedra, sus farolas oscuras y sus estatuas de dioses olvidados.

Con Julia había quedado a las cinco, creo. Como siempre aproveché para llegar a la cita con antelación y así aspirar en soledad el ambiente del café. Aunque he de aclarar que el café Gijón que a mí me atraía era el de mi mente, no el real, y no eran el mismo, porque en el mío habitaban genios y en el real había, en cada visita, algo más de atracción turística. El mío no era aquel, el de mi imaginación era un café de otra época. Pero aquella tarde estaba demasiado preocupado como para caer en esas distinciones, tanto que ni siquiera entré al baño, con lo que me apasionaba a mí entrar al baño del Gijón, aunque suene raro, que yo sé que suena raro y por eso no solía contárselo a nadie, pero me apasionaba entrar a aquel baño que tenía para mí algo de místico, porque imaginaba que allí, donde yo desbebía, lo habían hecho antes Rubén Darío, Valle-Inclán, Azorín o Truman Capote, y creía que aquel diminuto espacio me hermanaba de alguna manera con ellos. Cuando cerraba la puerta, en el instante en que se detenía el bullicio y reinaba el silencio, imaginaba a Antonio Machado apoyando su bastón en aquellas mismas baldosas blanquecinas, o a Buero Vallejo, con una mano en la pared, negando con la cabeza, lamentándose de lo sufrido en los años de prisión, pensando en todo lo que se había perdido, en silencio y en soledad. Para mí el baño del Gijón era casi un santuario, era un encuentro con la generación del 98 y con la del 27, con Menéndez Pidal, que tal vez aprovechaba aquel momento de calma para meditar su *Flor nueva de romances viejos*. En aquel cubículo solía yo pensar: ¿quién puede asegurarme que no fue aquí donde Baroja decidió llamar Manuel al joven que sobrevive en *La Busca* a los embates de la vida?, o tal vez aquí decidió poner fin a los sufrimientos de su Andrés en *El árbol de la ciencia*. Seguro que fue aquí, porque siempre es en los momentos de soledad cuando se nos ocurren las genialidades, bueno, se les ocurren. En esas cosas pensaba yo cuando entraba en aquel espacio, reducido y maloliente, y por eso en el Café Gijón iba al baño mucho más que en ningún otro lugar. Aunque aquellas reflexiones, por supuesto, no se las contaba a nadie, tampoco puede ir uno por ahí diciendo que le gusta ir a mear donde meó Hemingway o Ignacio Aldecoa. Y quiero aclarar que, aunque también utilizaban aquel baño artistas más cercanos, como Adolfo Marsillach o el gran Fernando Fernán Gómez, en ellos no pensaba, porque podía uno encontrárselos por Madrid, y reencontrarles mentalmente en el baño hubiera tenido algo de escatológico, o de sexual, y no era esa la idea, yo pensaba en los muertos. Pero bueno, como explicaba, todo esto no se lo contaba a nadie, tan solo una vez se lo comenté a Julia, de pasada, y ella se rio y me dijo: *Ventura, que en todo ese tiempo habrán cambiado el baño*. Como si eso tuviera alguna importancia. Aunque yo creo que se rio por envidia, porque ella no podía acceder a aquel rincón de grandes escritores, y al fin y al cabo ¿quién había utilizado el suyo?, Ana María Matute, sí, pero quien más, ¿Blanca de los Ríos?, ¿Elena Soriano?, poca cosa. Creo que era eso lo que le dolía. Diferente sería si hubieran entrado a su baño Rosalía de Castro, Carmen Laforet o Gloria Fuertes, ahí me callo, ahí incluso hubiera tratado de entrar yo, cuando nadie me viera. Pero eso no se sabía, y nadie iba a preguntarle a Carmen Laforet o a Gloria Fuertes. Así que Julia se quedó con su envidia y no hablamos más del tema, en su lugar, hablábamos de música, de nuestras familias, y sobre todo de literatura. Porque para Julia hablar y hablar de literatura eran todo uno. Recuerdo que cuando estudiábamos juntos, en el instituto Tirso de Molina, Julia ya destacaba. Ella era quien discutía con los profesores sobre el mester de clerecía, la poesía neoclásica o algún texto de Baltasar Gracián. Años después, al terminar la carrera, no quiso buscar trabajo en un colegio, o en un instituto, como hicimos muchos. Julia quería continuar en la Universidad, investigando o dando clases, y aunque le estaba costando tiempo hacerse un hueco en tan cerrado círculo académico en ello estaba entonces, y algo iba avanzando. Aquella tarde me contó que había conseguido que la incluyeran en un seminario sobre Cervantes que organizaba el Ayuntamiento de Alcalá de Henares, gracias a alguien que conocía a no sé quién, que daría allí una conferencia sobre *La Galatea*. Me preguntó qué opinaba sobre *La Galatea* y yo le dije que para mí lo único interesante era que la había escrito Cervantes. Se me había hecho muy pesada, inconexa, con muchas historias muy parecidas y multitud de personajes sin interés, deshilvanada. Tal vez si hubiera estado de mejor ánimo hubiera sido menos negativo en mi opinión, pero aquello fue lo que dije y Julia asintió, aunque no creo que lo hiciera porque compartiera mi opinión. Ella solo me dijo que a Cervantes le gustaba *La Galatea*.

También hablamos de sus avances con Avellaneda, por entonces ya opinaba que nunca se sabría quién escribió su *Quijote*, que había demasiadas voces autorizadas con seguridad absoluta sobre autores distintos. Y me contó que había empezado a dar clases de matemáticas a unos niños de su bloque. Me extrañó porque entonces estaba muy centrada en su tesis, y porque Julia no sabía mucho de matemáticas, en fin, supongo que algo más que aquellos niños sí que sabría. Después me habló de Germinal, de que le tenía que ayudar con su sueldo, de que era él quien había pagado aquellos cursos tan caros del doctorado, de cosas así. Recuerdo que, mientras hablaba, entretenía las manos enredando sus dedos en un foulard que llevaba al cuello cuando llegó, y que había quedado sobre la mesa, recuerdo que me sonreía. Y cuando ella habló de Germinal yo pensaba en Rocío y en nuestra discusión. También me dijo que le preocupaba encontrar trabajo fuera, ya me lo había comentado en otra ocasión. Cuando terminara la tesis, con su expediente y sus publicaciones, era muy probable que consiguiera alguna plaza de profesora, pero difícilmente en Madrid, y le preocupaba cómo afectaría eso a su pareja. Yo le dije que en todas las ciudades se necesitaban soldadores, pero ella negaba con la cabeza porque sabía que a Germinal le gustaba el trabajo que tenía, y además estaba muy metido en el sindicato. En fin, que a Germinal le gustaba Madrid. También recuerdo que me contó que habían estado en el concierto de los Rolling Stones, en el Calderón, y que llovía a mares, y que yo le conté que había ido a ver el Guernica, en el casón del Buen Retiro, aunque aquella tarde no hablé mucho, porque la discusión con Rocío había sido más fuerte que la de otros días, y estaba preocupado, estaba ya muy preocupado. Julia lo notó y me preguntó, le dije que pasábamos una mala racha, nada serio, se está arreglando, pero al pensar de nuevo en ello me sentí mal, me sentí débil, y quedé en silencio. Y miré hacia la calle a través del ventanal, con la mirada perdida, como me miraba a mí Rocío desde hacía tiempo. En la acera de Recoletos una urraca picoteaba algo en el suelo, alzaba la cabeza a cada poco, graznaba a media voz y mostraba el blanco roto de su pecho. Comenzó a atusar sus plumas azabache con el pico, parecía peinarse. Miraba a uno y otro lado, nerviosa, como si aguardara a alguien querido, como aguardaba yo cada tarde a Rocío para reprocharnos, para echarnos en cara, para amargarnos. La urraca avanzó con pequeños saltitos, cada vez más lejos, en pocos metros la pared del Café me impediría verla, ella continuaría distanciándose, y yo no sabría cómo evitarlo. Se detuvo, apenas un segundo, y el sol que caía sobre su plumaje negro me devolvió un delicado reflejo verdeazulado como los ojos de Rocío. Comenzó a alejarse de nuevo y vi que la iba a perder, y que la iba a perder para siempre.

***

De mis uñas en tu espalda, de tus labios en mi piel.

Que algunas mañanas me despierto antes que tú y te miro mientras duermes y el sol se filtra entre las cortinas y dibuja líneas doradas en tu piel oscura, y me pregunto, ¿pero qué haces tú conmigo? Podrías estar con alguien más atenta, que te dedicara más tiempo, con alguien más guapa, con alguien que no te trajera siempre problemas de dinero, o de familia. Y me da miedo que una mañana, al despertar, te des cuenta y te desvanezcas, y solo me quede de ti tu recuerdo.

—Hummm. ¿Ya estás despierta?, qué raro que no te hayas ido con Avellaneda. —La abrazó. En la radio Joe Cocker cantaba *what are you doing with a fool like me?*

***

Julia Ruiz trabajaba en una tesis sobre las diferentes atribuciones de autoría del Quijote de Avellaneda, yo había publicado la mía treinta años antes. La mía trató sobre las Cantigas de Santa María. He de decir que mi tesis se publicó antes que los trabajos de Walter Mettmann sobre la misma materia, unos trabajos excelentes, la verdad sea dicha, aunque no nos pongamos de acuerdo sobre cuántas de esas cantigas las escribió directamente Alfonso X. Él tiene muy claro que muchas son obra de Arias Nunes, yo no lo tengo tan claro. En todo caso, siempre que el señor Mettmann y yo hemos coincidido ha sido un placer hablar con él largo y tendido, es una persona muy formada, con la ventaja añadida de que habla español perfectamente. Bueno, volviendo al tema de Julia Ruiz, yo recuerdo que oí hablar de ella cuando aún era una estudiante, no llegué a darle clase pero escuché algún comentario suelto sobre su brillantez. Pocos años después Barreiros me dijo que una alumna iba a hacer su tesis con Díaz Acevedo, y era ella. De Díaz Acevedo mejor no opino y a buen entendedor pocas palabras bastan.

El objeto de su tesis era interesante, ese estudio que ella hizo estaba sin hacer porque cada investigador, o cada *opinante* si me permite la palabra, se centra en su teoría y, a lo sumo, en resaltar algún defecto de otras. Pero ese estudio objetivo, sin tomar parte, dedicado exclusivamente a analizar en profundidad pros y contras de cada posible autoría no se había hecho, y era muy necesario. Yo encontré muy meritorios tanto la idea en su planteamiento inicial como el resultado. La tesis que elaboró era magnífica, y sé de lo que hablo porque formé parte del tribunal que la valoró.

Pero centrándonos en su persona he de decirle que no era muy sociable, al menos conmigo. Durante aquellos años coincidíamos cada semana o cada dos semanas en algún acto, en algún despacho o simplemente por los pasillos de la facultad y mi impresión era no se sentía cómoda a mi lado, no sé explicarle el motivo porque lo desconozco.

Julia Ruiz era amiga de Belén Cimarro, y mi relación con la profesora Cimarro era excelente, yo era un poco su mentora, a través de ella fue como comencé a tratarla en persona. En aquella época me solían llamar para participar en ciclos de conferencias, presentaciones, publicaciones, etc. En todo lo que se le ocurra. En este oficio es normal que al principio no cuenten contigo para nada, pero en el momento en que alcanzas un cierto prestigio la solicitud de colaboraciones se dispara exponencialmente y te avasallan con propuestas, peticiones, invitaciones, etc. Y es difícil añadir eso al trabajo y a la investigación, hay que priorizar. En muchas de esas ocasiones yo me excusaba y les proponía que me sustituyera la profesora Cimarro, con ello les resolvía el problema a los organizadores del acto y ayudaba a que ella se fuera haciendo un curriculum y unos contactos. En una ocasión, creo que fue en el ochenta y cinco, me ofrecieron colaborar con el Ministerio de Cultura, el trabajo consistía en elaborar el discurso de presentación de unas jornadas de encuentro iberoamericanas. Obvia decir que el trabajo estaba pagado generosamente, pero a pesar de ello a mí no me interesaba, porque no andaba precisamente sobrada de tiempo y además aquello carecía del más mínimo interés a nivel intelectual, yo tenía ocupaciones más importantes, aunque confieso que pocas tan bien retribuidas. Entonces hablé con la profesora Cimarro, ella tampoco disponía de mucho tiempo y le dije que asumiera el encargo conjuntamente con Julia Ruiz, y así lo hicieron. A la semana siguiente Julia me llamó por teléfono para darme las gracias y le dije que se pasara por mi despacho para hablar un rato. Vino y hablamos sobre su tesis: me explicó, por encima, en qué punto estaba y cuando pensaba terminarla. Después le comenté que me alegraba ver como cada día se incorporaban más mujeres jóvenes a la investigación, bregando en un mundo tan varonil y tan cerrado como ha sido siempre el mundo académico. Comenté, también, que yo era la única catedrática, y que cuando llegué yo no había ninguna otra y ella me respondió que era un referente para la profesora Cimarro y para ella. Fue cortés pero poco más, apenas estuvo allí unos veinte minutos. La encontré más dispuesta a abreviar que a extender la charla. Tal vez simplemente era una persona reservada y le costaba mucho abrirse, en todo caso no era por una cuestión de falta de personalidad, no era ese su caso, desde luego. Mire, por situarle, le voy a contar una anécdota que recuerdo de ella. Salíamos de una conferencia, en el salón de actos de la facultad, no recuerdo ahora sobre qué trataba pero no es relevante. Yo estaba sentada en un banco ordenando las notas que había utilizado para presentar al conferenciante, era José Luis Abellán, ahora lo recuerdo. Bueno, Julia salió del salón, debía de dirigirse al despacho, y justo enfrente de mí se le rompió un tacón. Creo que se debió a su falta de costumbre en llevarlos porque pisó justo en una junta de goma del suelo. El tacón se dobló totalmente aunque ella no llegó a caerse, fue como una especie de tropiezo, recuperó la postura, miró a su alrededor para ver quién le había visto, imagino que su vergüenza le dio, y se acercó a mi banco apoyando tan solo la punta del zapato lesionado.

—¿Te has hecho daño?

—No, no, pero me lo he cargado. Menos mal que no vengo con estos de casa que tengo los otros en el despacho.

—Voy a por ellos y te los traigo.

—No, no se preocupe, que está aquí al lado.

Yo, desde luego, no hubiera desdeñado el ofrecimiento exponiéndome a desfilar por la facultad como si fuera un pato mareado, pero a ella tan solo parecía preocuparle aquel zapato que tenía difícil arreglo, tampoco eran unos Lottusse precisamente. Así que después de quejarse de que iba a tener que tirarlos se frotó algo el tobillo, se despidió y comenzó andar hacia su despacho con una especie de cojera en equilibrio no muy digna para alguien que aspira a ser profesora de universidad. Poco más allá la vi esbozar un gesto de fastidio, apoyarse en una columna, descalzarse y caminar los escasos metros que la separaban del acceso al pasillo de los profesores con los zapatos en las manos. En el acceso al pasillo se encontró con alguien. Desde donde yo estaba apenas veía parte de la otra persona, me pareció que se trataba del profesor Aranzadi. Yo pensé que no se detendría, pero me equivoqué. Le enseñó el zapato que se había roto, sonrió, y estuvo hablando con quien fuera unos minutos. Yo jamás me hubiera detenido a hablar con alguien estando descalza. Según lo vi yo el accidente con el tacón puede ocurrirle a cualquiera, pero la forma en que ella lo gestionó fue de lo más vulgar. Cualquiera podía verla allí, hablando tranquila al tiempo que sostenía en una mano sus dos zapatos azules, uno con tacón y otro sin él.

Y poco más le puedo contar de Julia Ruiz porque poco después de que ella terminara la tesis yo me jubilé y le perdí la pista. Me dijeron que se fue a trabajar de profesora a Sevilla.

El suelo de aquel pasillo es de baldosa, así que imagino que mientras hablaba con Aranzadi los pies debieron de quedársele helados.

***

—Están todos con nosotros, y los que dudan no se atreverán a ponerse en contra.

—Joder, Alfonso, lo mismo me dijiste la semana pasada, y la anterior.

—Esta vez es seguro, será el lunes, majestad.

Corría por Madrid el viento helado de un febrero frío e inmoral.

Recuerdo bien aquella noche, acudimos juntos al Sindicato. Estábamos en mi casa cuando comenzó a escucharse que habían tomado el Congreso y decidí ir al local. Le dije a Julia que me esperara allí si quería y a ella no le hizo gracia que le ofreciera quedarse, aunque tampoco me dijo *si quieres te quedas tú* o algo por el estilo, ella no era así, pero le molestó.

Atravesamos el barrio de Atocha de la mano, Julia llevaba un libro, eso lo recuerdo, no sé porque no lo dejó en casa. Era *Un día volveré*, de Marsé, yo lo había leído y hablaba de uno de los nuestros.

Cuando llegamos al local había bastante revuelo, nervios, humo y algún grito. Los jóvenes decíamos que era posible que vinieran a tomar el sindicato, que había que prepararse para resistir, los viejos negaban con la cabeza y, la verdad, creo que se reían de nosotros. Ellos sabían que no importábamos tanto, que vivíamos de recuerdos muy lejanos, que nadie iba a acordarse de nosotros en aquella noche. Los viejos eran pocos, habían regresado del exilio francés, unos, habían sobrevivido a cuarenta años de exilio interior, otros. Se les veía tranquilos: *No van a venir, y si vienen, ¿qué hacemos, tirarles las sillas y los libros?* Sí, se nos reían. Atanasio y Ascensión hablaban por teléfono con otras ciudades: *aquí hay calma, no se escucha ruido de motores en los cuarteles..., aquí han sacado los tanques.*

Yo miraba a Julia, que se había sentado junto a Ramón, el asturiano. A Ramón le llamábamos Astur y le teníamos mucho cariño. Era muy mayor, a veces confundía a las personas, y contaba siempre las mismas historias, pero nosotros las escuchábamos con paciencia. Aquella noche Julia apoyaba su mano sobre la del anciano y sonreía. En su regazo el libro en el que Jan Julivert Mon salía de la cárcel derrotado, evitando a sus antiguos compañeros. En el sindicato se alzaban las voces: *¿Y qué vamos a hacer, escondernos?* Ramón le contaba a Julia la historia del burro bomba, en Asturias, en el 34. Se la habría contado ya varias veces, como a todos nosotros, pero ella le sonreía. Los jóvenes continuaban alzando la voz, pedían que se decidiera en asamblea y los viejos no se negaron, porque no podían negarse. Yo miraba de nuevo a Julia, quien, con sonrisa amable, escuchaba pacientemente al Astur narrarle su historia, cualquiera de nosotros hubiera podido repetirla casi palabra por palabra: *...cargábamos al burro con la dinamita, le prendíamos fuego a la mecha y le dábamos tres o cuatro palos para que saliera corriendo hacia los de enfrente..., eso decía.*

Al final se decidió que nos fuéramos cada uno a su casa. Aunque los viejos eran menos se impuso su opinión por autoridad. Cesaron las voces altas aunque en la mirada de algunos se percibía su desacuerdo, casi resentimiento. Recuerdo que cuando matan a Jan Julivert sentí alivio porque me daba miedo que fuera él quien matara a sus antiguos compañeros, o a Balbina. Me pareció que muriendo salvaba algo de su dignidad, que era el final menos indigno que iba a encontrar, y que Juan Marsé le había cogido cariño. El *Astur* terminaba su historia, decía algo así como *pobre burro o pobre bicho*, siempre terminaba así, *pobre burro* y Julia reía y asentía, como si nunca antes lo hubiera escuchado, y yo la quería aún más. La historia de Ramón terminaba y la gente comenzaba a salir del local, aunque nada tenía que ver una cosa con la otra. Julia tomó del brazo al *Astur* y yo cogí el libro. Lo que más me caló de aquella novela fue la última escena, con el hijo del narrador meando en un descampado mientras el padre espera a su lado. Me pareció de una ternura inesperada.

En la calle hacía frío y algunos querían acercarse al Congreso a ver qué ocurría por allí, yo me opuse porque no era lo que se había acordado, Julia se me acercó y me dijo que íbamos a acompañar a Ramón, que parecía más confuso que otros días. Le pedí que esperara unos minutos hasta que me asegurara de que cada uno se iba a su casa.

Y lo último que recuerdo es que caminábamos por la calle de la Magdalena, Julia había entrelazado su brazo con el del anciano, le hablaba, y yo caminaba a su lado, con la novela. No sé, eso es lo que recuerdo de aquella noche, aunque tal vez no ocurriera así, al fin y al cabo la memoria ordena los recuerdos a su capricho y Juan Marsé todavía no había escrito *Un día volveré.*

Mientras tanto, en el local, Miguel y Atanasio apagaron las luces y se tumbaron en los sofás, la radio encendida. Se había acordado que se quedarían a pasar la noche por si venía algún otro compañero, o quien fuera. *Qué nos van a hacer a nosotros, si tenemos ya un pie en el otro barrio.* Cubiertos por unas mantas viejas y con la cabeza apoyada en el desagradable reposabrazos de cuero, una pequeña estufa de aire caliente trataba de arrullarles con su monótono zumbido. Del exterior les llegaba algo de luz amarillenta que encontraba camino entre las lamas mal encajadas de la persiana, les llegaba también el sonido de algún coche al pasar y el del camión de la basura,... A eso de las cuatro Atanasio se incorporó sin haber conseguido conciliar el sueño ni un instante, con fuerte dolor en la cadera. Sintonizó varias emisoras de izquierdas que hablaban ya del fracaso del golpe, las de derechas bordeaban el charco sin querer mojarse aún. Vio que Miguel fumaba, en la penumbra la luz rojiza del cigarrillo cobraba viveza y se amarilleaba al aspirar, y el humo atravesaba la luz biselada que dejaban entrar los huecos de la persiana.

—Parece que la fiesta se ha acabado.

Miguel se incorporó, lo hizo lentamente, frotando sus riñones doloridos. —¡Cagüendios! —Encendió la luz—. Tira, vámonos para casa que ni tú ni yo estamos ya para dormir en un sofá.

Algo antes de las cinco Atanasio colocó el candado en la verja metálica, calose la boina, fuese y no hubo nada.

***

Yo que siempre trabajo y me desvelo por parecer que tengo de poeta la gracia que no quiso darme el cielo. Cervantes quería ser poeta. En aquellos siglos, de oro, ser poeta era la máxima expresión del arte, lo más elevado. Y si no lograba ser poeta quería ser dramaturgo para que le aclamaran y le hicieran rico, pero alcanzó la fama y la eternidad como novelista. Novelista era poco.

Conocí a Julia al poco de comenzar la Universidad, creo que fue en aquellos trabajos en grupo que nos encargaba D. Manuel Calvo en la asignatura de Historia de la Literatura. Sí, si hago memoria recuerdo que fue allí donde la conocí. A nosotros nos cayó en suerte el hacer un estudio sobre narrativa africana, yo entonces ni sabía que pudiera existir algo así, aunque en el fondo la escritura nació en África, ¿no?, bueno, en Mesopotamia, que está al lado. El caso es que poco después de aquel trabajo nos inscribimos en un curso de escritura creativa que impartía Leticia Sánchez-Urquijo y en ese curso fue, realmente, donde Julia y yo comenzamos a tratarnos.

Aprendí mucho en aquel curso, aprendí de sinestesias y oximorones, de sinécdoques y pleonasmos, pero sobre todo del talento y del trabajo. Aprendí allí que el talento y la corrección formal no son lo mismo, y lo aprendí de Julia. Ella sabía mucho, mucho más que yo de literatura, de sintaxis, de gramática..., de todo. Pero mis textos enganchaban y los suyos no, era así. Y eso que miro ahora hacia atrás, con tantos libros publicados y tantos premios, y aquellos versos míos me parecen borradores.

Pero yendo al grano, sobre Julia; yo no era capaz de sacarles una pega a sus textos, ni yo ni nadie, eran equilibrados y correctos, estaban trabajados y estructurados, pero no transmitían. Le ocurría como a mí de niño, que me encantaba jugar al fútbol y jugaba en los infantiles del Atlético de Madrid pero aunque entrenaba como el que más, o el doble, y atendía a las charlas del entrenador como si me fuera la vida en ello, que otros no hacían ni caso, a la hora de la verdad había niños que jugaban mejor que yo. Por mucho que me esforzara, me faltaba algo que ellos tenían y cuando íbamos a jugar el torneo de infantiles del Real Madrid el entrenador apenas me sacaba unos minutos, y hasta un ciego veía que yo no iba a llegar. En cadetes lo dejé. Bueno, aún jugué un año en juveniles, en el Alcobendas, si no recuerdo mal, pero sin más. Bueno, pues Julia me recordaba un poco aquello: a sus relatos les faltaba algo, no sé el qué, pero les faltaba algo, y eso que faltaba era importante. Al final su prosa resultaba bastante práctica pero desapasionada, como ella misma, creo yo, y sus textos quedaban descafeinados. Eran un poco tatuaje de henna o cerveza sin alcohol, eran un poco Quijote de Avellaneda.

Tampoco sé si a Julia aquello le preocupaba o no, seguro que sacó sobresaliente, o matrícula de honor y siguió adelante. En fin, la verdad es que no sabría decir si en la vida es más importante el trabajo o el talento pero en aquel curso aprendí que no son sinónimos. Sinónimos son poeta y pobre, o amor a distancia y fracaso, pero eso lo aprendí más tarde.

***

¿Que qué recuerdo de mi padre? No mucho.

Si hago memoria me acuerdo de un viaje que hicimos al pueblo donde él nació. Salimos de Madrid hacia La Mancha en el Seat *131* y hacía mucho calor. Íbamos con las ventanillas bajadas. Tony y yo peleábamos en el asiento de atrás separados por una radio enorme de madera que mi padre había comprado como regalo para su hermano. La carretera avanzaba lenta. Pasamos por Aranjuez, eso no lo recuerdo pero debimos de pasar por allí. Mis padres hablaban poco, eso lo recuerdo, hablaban poco pero debían de quererse mucho porque cuando él murió mi madre quedó rota, pero hablaban poco.

El caso es que avanzábamos lento, ya por campos de Castilla que decía Machado, y mi padre se volvía de vez en cuando para contarnos algunas cosas de aquel camino que él apenas habría recorrido tres o cuatro veces, no más. Se preocupaba por algo del coche, imagino que por si se calentaba o algo así, no sé, el caso es que de vez en cuando miraba a mi madre y le decía: *no sé si llegamos, Sagrario, no sé.* Un par de horas después de salir paramos a comer a la sombra de unos chopos, junto a un río que, entonces, me pareció grande pero que debía de ser un arroyo. Mi madre había preparado tortilla de patata, embutido y pan. Antes de comer Tony y yo quisimos bañarnos, y mi madre dijo que no, que se nos iba a hacer tarde, pero al final nos dejó y nos bañamos con mi padre. Él y Tony se bañaron en calzoncillos y yo desnuda, porque mi madre dijo que no iba a deshacer las maletas por un capricho. No debía de cubrir mucho allí pero si recuerdo a mi padre con el agua por la cintura lanzándonos hacia arriba para que cayéramos unos metros más allá, esa imagen es la que recuerdo del viaje de ida.

Después llegamos al pueblo, era un pueblo grande. Su hermano vivía en la casa familiar, a las afueras, entre campos. Vino también su hermana Adela, que vivía en Toledo, creo que yo no la conocía de antes, vino con su marido y dos primos míos. Mi tío trabajaba los campos. En la parte baja de la casa había una cuadra y en ella guardaba un mulo pardo tranquilo y robusto que nos miraba indiferente. Cada tarde, cuando mi tío y el mulo llegaban del campo, mi padre se ocupaba del mulo. Le quitaba los arreos y lo refrescaba con agua, imagino que le gustaba hacerlo, que le devolvía un poco a su infancia. Después nos subía a nosotros y a nuestros primos sobre el lomo y paseábamos por alrededor de la casa, a mí me maravillaba aquel animal. Mis primos y yo arrancábamos hierbas por los alrededores y se las dábamos, el las mordía con cuidado, sin tocar nunca nuestros dedos. Podíamos estar horas dándole de comer porque parecía no saciar nunca su apetito, era un saco sin fondo. De vez en cuando mi padre nos decía que lo íbamos a empachar, se acercaba y le daba unas palmadas en el cuello con afecto.

Había pocos bares en el pueblo y cada vecino iba siempre al mismo. Mi padre y su hermano iban al bar de la estación. Le acompañamos el primer día y saludó a mucha gente, se abrazó con algunos, le vi sonreír y reír bastante, tengo un buen recuerdo de aquel bar por eso. Bueno, el bar no lo recuerdo, pero recuerdo que mi padre sonreía y que viejos amigos le abrazaron, esa imagen también la recuerdo. Después él se sentó a jugar a las cartas y mi madre y nosotros nos fuimos porque las mujeres no solían estar mucho tiempo en el bar.

Debimos de estar en el pueblo un par de semanas. Todos los días, por la mañana, salíamos a pasear con él, a veces venían mis primos. Mi madre no venía, se quedaba haciendo la casa o la comida. Paseábamos por el pueblo o por los alrededores y saludábamos a la gente con la que nos cruzábamos. Cada poco tiempo mi padre nos decía: Mira Julia, aquí me bautizaron, mira Tony, esta era la casa de mi abuela, allí fui al colegio y por aquella tapia nos subíamos para coger ciruelas. Aquí una vez se escapó la vaca y a mí, que tendría tu edad, me dio contra aquel muro y me llevaron para casa que creían que me había matado... No sé, cosas así nos contaba, creo. Tenía yo seis o siete años, tal vez algunas cosas no las recuerdo, las he visto en las fotografías y creo que las recuerdo.

También recuerdo una comida que hicimos en la plaza, a un lado de la casa. Juntamos varias mesas y había mucha gente, no sé si celebrábamos algo. Colocamos las mesas a la sombra de un cañizo y estuvimos allí durante horas. Los niños nos levantábamos, corríamos, jugábamos y nos sentábamos de nuevo, los mayores comían, charlaban y bebían vino y coñac. A media tarde hicieron chocolate, yo quería ayudar a rallar las tabletas o a cortar el pan pero no me dejaron, yo insistí, me puse pesada y al final me echaron. Yo lloraba afuera, mi padre me llamó y me sentó en su regazo.

Eso recuerdo de mi padre. Eso y que Cervantes eligió los molinos de Campo de Criptana para sus gigantes porque mi padre había nacido allí.

***

Volaron sobre nosotros palomas blancas.

Cuando iba a comenzar la misa soltaron palomas que, al verse libres, regresaron al palomar de donde habían salido apenas unas horas antes.

Ayer por la tarde crucé la Avenida de Concha Espina y hacía frío. De mi mano iba Mónica y de la suya nuestro niño. Íbamos camino del logopeda porque Pablo tiene aún problemas para pronunciar la R. El logopeda dice que es *rotacismo temporal* pero que lo está corrigiendo bien, y es verdad que últimamente la pronuncia mejor. De todas formas no entiendo yo que le pongan ese nombre, porque al fin y al cabo no lo puedes pronunciar, quiero decir, que si tienes rotacismo no puedes decir rotacismo correctamente, ¿no? Vamos, que creo yo que podían haberle puesto otro nombre. Bueno eso da igual, el caso es que ayer, al cruzar la avenida, me vino a la memoria aquella tarde en que Julia y yo compartimos un banco por allí mismo, entre la plaza y el campo de fútbol. ¿Cómo olvidarlo? Fue el día en que el Papa daba una misa en la Castellana, justo al lado.

Durante la semana mi jefe y yo habíamos construido una de las plataformas que utilizaron para lo del Papa, creo que era para la televisión o algo así. El caso es que un par de horas antes de que comenzara la fiesta nos llamaron de urgencia porque una parte del escenario no encajaba, y tuvimos que ir a la carrera. Yo había quedado con Julia en Antón Martín, para ir a ver una exposición, sobre la vida de Gómez de la Serna, si no recuerdo mal. Así que le llamé a la facultad y le dije que no iba a poder ir, que fuera sin mí. Pero Julia prefería verme y al final cambiamos de escritor, cambiamos a Gómez de la Serna por Concha Espina. No me gustaba llamarle a la facultad, siempre me parecía que molestaba.

Bueno, pues mi jefe y yo llegamos al lugar de la misa y allí nos esperaba el que organizaba aquello con otro tío que debía de ser un policía de los que mandan mucho, iba con traje y un walkie talkie. Nos pasaron por todos los cordones de seguridad sin que nadie nos parara y nos metimos bajo el escenario a soldar las dos partes de la estructura que no encajaban bien, por eso habían decidido soldarlas. Era cosa sencilla pero el tío aquel que organizaba estaba al borde del infarto, no paraba quieto y maldecía todo el tiempo. Él sudaba, nosotros no. Pasaba cada medio minuto por detrás de mí y me decía:

—Venga, chaval, dale, dale.

—Cállate ya, coño.

—Y no hagas eso, joder. —Le chilló mi jefe al ver que echaba agua con una botella sobre los cordones para enfriarlos—. Que se puede cristalizar la soldadura.

—Me cagüen Dios. —Contestó él por lo bajo—. No llegamos, no llegamos.

El policía rio. —Esa boca, Rai, que te van a echar.

Al final terminamos a tiempo, echamos unos cordones a prueba de bombas, no hacía falta tanto. Cuando estábamos recogiendo ya se sentían las pisadas sobre nosotros y se anunciaba el comienzo por los altavoces. Rai había desaparecido, se habría dirigido a desfacer otro entuerto de los muchos que tendría, porque en los grandes montajes siempre quedan cosas por hacer, y tan solo se para de trabajar cuando sale el cantante. Yo he currado poco en cosas así, no me gusta. El del walkie talkie era majo y nos acompañó de vuelta a la furgoneta, que la habíamos aparcado entre dos lecheras. Gracias a él tampoco nos paró nadie a la salida. Dejé allí las cosas y me acerqué andando hasta Concha Espina. En el banco me aguardaba Julia, nos abrazamos y nos besamos. Yo no estaba muy limpio, la cazadora sí, porque no era la que usaba para soldar.

—Ya lo siento. No podía escaquearme.

—Imagino que con esto te libras del infierno.

—Eso me han dicho. He pedido lo mismo para ti, pero en tu caso está complicado.

Recuerdo que metió las manos bajo mi jersey, dijo que las tenía heladas.

No sé de qué hablamos aquel día, eso no lo recuerdo, al menos no con claridad, imagino que de cosas sin importancia. La verdad es que nos recuerdo en aquel banco y recuerdo los besos, pero no las palabras, ¿qué más dan ya las palabras? Me suena que comentamos algo de la Nochevieja, que al final la pasamos en Cercedilla, o de aquellos libros que le regalaron, aunque no sé si fue aquel día. Lo de los libros fue esa amiga tan pija de la Universidad, Belén, que se le había muerto un pariente y querían vaciar el piso. Le dijo a Julia que si se lo vaciábamos nosotros podíamos quedarnos con lo que quisiéramos, ya se habían llevado lo más valioso. Así que fuimos y nos llevamos todo al sindicato. De eso me acuerdo pero no estoy seguro de si fue en aquellos días. Lo que recuerdo, seguro, es la avenida vacía, los policías en los cruces y las sirenas. *He reservado toda la calle para nosotros.* Un grupo de monjas cruzó a la carrera hacia la Castellana, el sonido de los altavoces nos llegaba apagado. Se nos hizo corta la tarde, como tantas otras, eso sí que lo recuerdo. Eso y su cabeza apoyada en mi hombro. Besé su pelo, alcé la vista y volaban sobre nosotros palomas blancas.

***

Con Julia quedaba muy de tarde en tarde en el Café Valencia, que era una cafetería que estaba junto a la estación de Nueva Numancia. A mí me venía bien porque llevaba al niño al Colegio Tajamar y después, bordeando el Cerro del Tío Pío, en pocos minutos estaba allí.

Nosotros vivíamos en Moratalaz y tan solo cruzaba por aquellas calles cuando quedaba con ella. En el Cerro quedaban cada vez menos chabolas pero aún había bastantes y entre el barro y los charcos siempre asomaba algún yonqui con gesto huraño y chándal de yonqui. Y me gustaba pasar por allí un par de veces al año porque me recordaba lo mucho que acertamos Manuel y yo cuando decidimos dejar Entrevías, que era como el Cerro o peor, y venirnos a Moratalaz. Aquella mañana Julia me habló de su hermano.

Recuerdo bien a Tony, habíamos compartido muchas tardes en las calles cuando éramos críos, creo que fue el primer chico al que besé. Era un chaval bueno, algo echado para adelante pero bueno, y generoso, y recuerdo que quería mucho a su madre y a Julia aunque, en fin, esas cualidades no servían de mucho en aquel barrio, ni en aquel barrio ni en la vida, no son cualidades que te pongan a salvo de nada. De todos modos, por lo que me contó Julia, poco bueno quedaba ya en él. Aquel día estaba preocupada porque su hermano pronto saldría de la cárcel y, antes o después, aparecería por casa y ella sabía que cuando apareciera por casa sería a por dinero, y en malas condiciones, y que cuando estaba así no conocía a nadie.

Julia hablaba y yo asentía e imaginaba la historia: chillidos, golpes, muebles rotos, vecinos llamando a la policía, en fin... Donde me había criado todos conocíamos aquellas historias y casi me molestaba que mi amiga me contara la suya, pero nos queríamos mucho y escuchándola le ayudaba, aunque, la verdad, aquello no tenía solución, al menos no tenía solución buena. Me contó que Germinal, su novio, vivía por Atocha y les había dicho que se fueran con él una temporada, pero su madre no iba a querer salir de casa, y tampoco querría que Germinal fuera a vivir con ellos sin estar casados. Al final ella era la madre de Tony y lo veía diferente, lo veía como madre y creía que antes o después su hijo se pondría bien. Vamos que estaba deseando que saliera y que fuera a ese centro tan bueno al que había ido no sé quién, que se había quitado y ahora trabajaba de fontanero, y que volviera a casa. Pero Julia no, Julia no se engañaba, veía cómo estaba su hermano cuando iba a visitarle a Carabanchel y sabía lo que ocurriría cuando saliera.

Aquello era complicado, yo la miraba sin saber bien qué decir, y notaba su preocupación.

Recuerdo que le pregunté: ¿Y qué vas a hacer?

Y ella negó con la cabeza, bebió un sorbo de café y dejo de nuevo la taza sobre el pequeño plato, entre la cucharilla y el sobre de azúcar mediado. Miró hacia la cristalera. —No sé, Susana, no sé, improvisar.

Por las tardes yo limpiaba en el colegio. Sé que a Rubén le tocaba aguantar bromas de los otros niños porque su madre fuera *la de la limpieza* y que sentía vergüenza si alguna mañana tenía que ir a trabajar y nos encontrábamos en el pasillo, pero ¿qué se le va a hacer?, así es la vida, y a mí no me daba ninguna vergüenza.

Hola, Rocío, ¿cómo estás? No sé si te habrán llegado las cartas que te envié, no he recibido respuesta, tal vez hayas estado muy ocupada y no has encontrado tiempo para contestarlas, o quizás se hayan perdido, que ya sabemos cómo funciona Correos.

Pues en ellas te contaba un poco qué tal me va todo desde que me dejaste, o mejor dicho: desde que lo dejamos, hace ya tres meses. ¡Qué rápido pasa el tiempo!, ¿verdad? Pues te cuento, aunque lo cierto es que tampoco hay grandes novedades. En general estoy contento. En el trabajo sigo como siempre, aburrido, soportando a los alumnos y mirando a cada instante cuánto falta para salir. Mis padres sin cambios, con sus achaques, aunque no los veo mucho porque estoy bastante ocupado con nuevos proyectos, que ya te iré contando, tampoco quiero aburrirte. Y yo estoy bastante ilusionado, bueno, estoy bastante ilusionado ahora, porque al principio lo pasé mal, muy mal, no entendí que te fueras de casa, y de Madrid, me costó superarlo. Pero ahora ya me encuentro mejor, el tiempo todo lo cura y se puede decir que lo nuestro es cosa del pasado. Aunque te confieso que todavía hay mañanas en que me parece verte en el metro, entre la gente, aún me ocurre casi cada día, y casi en cada estación.

Y por lo demás me va bien, estoy saliendo mucho, con gente nueva, divirtiéndome. Suelo ir bastante, al Cadillac, ¿te acuerdas? Donde nos conocimos. Se está a gusto, ponen la música que solíamos escuchar, y se me pasan las horas. Fíjate que incluso el camarero algunas noches ha tenido que pedirme un taxi para que me fuera a casa. Y por allí, por la casa, paro poco. Si la vieras pondrías el grito en el cielo, parece una leonera, ja, ja... platos y vasos por todos los sitios, ropa tirada, la cama sin hacer... Siempre digo que a ver qué fin de semana me lo tomo de relax y le doy un buen repaso a todo, pero lo voy dejando. Si es que vivo a la carrera y no me da el día para más, siempre con mil planes, con mis historias. Mira si estoy liado que todavía no he quitado la foto de la mesilla, esa que nos hicimos en aquella casa rural de la sierra,

¿te acuerdas? Apareces abrazándome, estaba todo nevado y pasamos el fin de semana al pie de la chimenea. Bueno, que lo mismo tú estás en otra historia y ya ni te acuerdas de aquello.

Pero, como te escribía, todo eso es agua pasada, ahora estoy otra vez con el ánimo a tope y recuperando mis viejas aficiones. Ya sabes que yo siempre he sido incapaz de estar parado, y últimamente, como tengo tanto tiempo libre, menos. Muchas tardes, al salir del trabajo, aprovecho para quedar con alguien o para pasear, no suelo venir a casa ni tan siquiera a comer. Algún día hasta me acerco al barrio en el que vivías con tus padres, me pilla casi de paso. No veas qué cambiado está, incluso tu portal lo han arreglado, no lo reconocerías. Aunque, la verdad, no sé si has estado por aquí algún día en este tiempo, lo mismo lo has visto ya. Yo pasé por allí precisamente ayer, incluso estuve sentado un rato en nuestro banco, me acordé de cuando nos sentábamos juntos, a ver cómo empezaban a trabajar en las obras y a levantar los edificios, y decíamos que compraríamos un piso de aquellos, y elegíamos cuál nos gustaba más a cada uno. En fin, ¡cómo cambia todo! Por cierto que ahora me acuerdo de que llamé un día a casa de tus padres, en realidad fue una noche, había bebido algo, ya te habrán dicho. Lo siento, eh, no recuerdo mucho.

Pues, como te contaba, con el trajín que llevo no creas que tengo tiempo para pensar mucho en lo que pasó entre nosotros, ando todo el día quedando con gente y haciendo planes, incluso hay ya una compañera de trabajo por ahí rondándome, pero no le doy mucho pie, que no quiero atarme, quiero aprovechar para vivir la vida, tener nuevas experiencias. Fíjate si estoy desconectado del pasado que todavía no he llamado a ninguno de nuestros amigos de antes. Algunos me llamaron al principio, pero no me apetecía mucho hablar con ellos, hay que mirar hacia adelante y no andar revolviendo recuerdos. Ahora estoy pensando en hacer algún viaje, que llevo tiempo sin salir de Madrid y siempre me ha gustado viajar, como cuando estuvimos en Salamanca, o aquel verano que fuimos a Denia, allí lo pasamos bien, ¿verdad? El otro día, no sé cómo, me aparecieron las fotos en un cajón, y las estuve viendo, llevabas el pelo largo.

Y nada, poco más te cuento, porque salgo ya de casa, que he quedado. Pero hacía varios días que pensaba escribirte y hoy me he vuelto a acordar, y ya he dicho: de hoy no pasa. ¿Sabes por qué me he acordado?, pues ha sido porque he visto el pintalabios que olvidaste en el baño, sigue ahí, como la caja con los cereales que te gustaba desayunar, que está en la cocina, o la camiseta que te dejaste bajo la almohada, esa que siempre te ponías para dormir, y que huele tanto a ti. Todavía sigue donde la dejaste, no sé, siempre olvido lavarla y sigue ahí, oliendo a ti.

En fin, Rocío, si regresas a Madrid a ver si tomamos un café, o lo que tú quieras, y hablamos.

Un beso, o un abrazo.

Ventura

El día que fuimos al entierro de Ventura hacía frío.

Yo conducía el 127 por Canillejas y Julia, nerviosa, me contaba que hacía un par de meses que no le veía, que no le cogía el teléfono y que no le devolvía las llamadas, que ni siquiera sabía que él y Rocío ya no estaban juntos, repetía lo mismo cada poco tiempo.

Cuando llegamos al cementerio de La Almudena, a la capilla, el ambiente parecía, además de triste, tenso. A un lado estaba Rocío, con una chica que resultó ser su hermana, algo apartadas, nadie les hablaba, con nadie hablaban. Julia se acercó a ella después de dar el pésame a la familia, yo me mantuve al margen. Enseguida discutieron, no con Rocío sino con su hermana que se puso a contarle que si le pegaba, que si un día la había tirado por las escaleras y no sé qué historias más que no venían a cuento. Vi que Julia le contestaba algo, con gesto enfadado, otra persona intervino, se elevaban las voces, un familiar pedía silencio y Julia regresó a mi lado. A su espalda Rocío trataba de hacer callar a su hermana. Julia quiso que nos fuéramos ya.

Recuerdo que pensé que era una pena que se estropeara así aquel entierro, porque era un entierro precioso: con el enamorado suicidándose por amor y la amada, llorosa y desconsolada, sostenida por su hermana en un rincón, con el sentimiento de culpa golpeando a cada uno, porque siempre que se suicida un ser querido cada uno piensa que debió hacer más. Sé que no fue un pensamiento muy respetuoso, pero eso es lo que pasó por mi cabeza, que no deberían estropear así aquel entierro, porque era un entierro elegante y romántico, como de Larra, no como el entierro de Larra que no sé cómo fue, sino como lo que escribía Larra. Aunque imagino que el de Larra se parecería algo a aquel, no sé de eso entendía Julia mucho y yo poco. El caso fue que se enturbió el ambiente triste y Julia quiso irse ya desde la capilla. Y nos fuimos. Yo pasé mi mano sobre su hombro y la besé, sus ojos se empañaban y sabía en qué estaba pensando, en que además de perder a su amigo había perdido la imagen que de él tenía, se habían ensuciado sus recuerdos. Julia era una persona muy sensible, muy de matices.

Mientras caminábamos hacia el coche miré hacia atrás y vi a una familia acompañando a un féretro, con abrigos oscuros y gesto compungido, cogiéndose las manos, algunos con guantes, con cielo gris nublado y viento leve que remueve las hojas del suelo, con tumbas de piedra alrededor. Y entonces pensé que los entierros de invierno resultaban mucho más solemnes que los de verano, que todos los entierros deberían de ser en invierno. Después subimos al coche, y Ventura y Julia no volvieron a quedar en el Café Gijón.

A Miguel Gila lo fusilaron mal, o al menos eso solía decir él, y para compensarlo tuvo que trabajar en la construcción de la cárcel de Carabanchel y después vivir un tiempo en ella. A Julia le hacía gracia escuchar a Gila contar siempre los mismos chistes, sobre todo si los escuchaba con su madre y se reían las dos. En alguna ocasión, cuando Julia entregaba su documento nacional de identidad y aguardaba para entrar a los locutorios, entre ladrillos sucios, manos nerviosas y rostros apenados, recordaba a Gila, pero entonces no sonreía.

—Una semana que llevo encerrado en el chupano porque registraron mi chabolo y había una chuta metida en el colchón, que a saber de cuando sería, para que veas, de alguno que estuvo antes. Pero si yo ya paso de esa mierda. —Temblaba—. Si yo ya no sé ni el tiempo que hace que estoy limpio. Se lo dije, pero son tan hijos de puta que encima me dieron de hostias. Ya ves cómo está tu hermano, a los que mueven el tema por aquí ni los tocan, pero a los pringaos, a los que estamos limpios...

Julia asentía con gesto serio, sin mirarle apenas y con el pensamiento ausente. Abría de nuevo la puerta, que se había entornado con alguna ligera corriente de aire, y trataba de repasar mentalmente los escritores a los que se les había atribuido su Quijote de Avellaneda.

—Me han jodido bien. —Estaba nervioso, desquiciado. El mono volvía inconexo su discurso turbio y descarnado, se rascaba un brazo con una obsesión enfermiza, estaba muy mal.

Y Julia asentía de nuevo. Antonio Gutiérrez Palacios se lo atribuyó a Alonso Fernández Zapata, García Soriano se lo atribuyó a Castillo Solórzano.

—Me han dicho que mañana me pasan otra vez a la galería, el médico no me quiere dar nada, menudo hijo de puta. ¡Menudo hijo de puta!

—Claro, Claro. —García Salinero creía que lo había escrito Alonso de Ledesma y, si no recordaba mal, para Mayans el autor es el padre Aliaga, confesor de Felipe III e inquisidor real.

—No sé qué voy a hacer, ya no aguanto más, necesito algo. —Respiraba entrecortado, se trababa al hablar.

Enfrente encontraba el gesto comprensivo de Julia, que trataba de hacer memoria: Ceán Bermúdez y Díaz de Benjumea se lo atribuyeron a Juan Blanco de Paz, aunque Benjumea rectificó después y se lo atribuyó a Francisco López de Úbeda, autor de *La Pícara Justina*.

—Si tenía que estar en la calle, me cago en la puta. Si me hubierais sacado de aquí... —Se movía por el cubículo como un animal enjaulado, enjaulado y enfermo.

Paul Groussac lo atribuyó a Mateo Luján de Saavedra, que en realidad se llamaba Juan Martí, y Serra Vilaró a Vicente García, rector de Vallfogona.

—Necesito meterme algo, hermana, habla con ellos, haz lo que sea. Haz lo que sea.

Adolfo de Castro creía que el autor era Ruiz de Alarcón y Maldonado de Guevara se decantó por Alonso Pérez de Montalbán.

—Diles que me den algo, hostias, habla con el médico, que me pasen a la galería ya. —Grita.

Blanca de los Ríos estaba convencida de que lo escribió Tirso de Molina, Bonilla y San Martín opinaba que fue Pedro Liñán de Riaza y Martín de Riquer estaba convencido de que fue Jerónimo de Pasamonte, el galeote Ginés de Pasamonte del Quijote de Cervantes. Para Maldonado Ruiz la obra es plural, y la escribieron entre Bartolomé

Leonardo de Argensola y Mira de Amescua, uno el prólogo y otro el resto.

El hermano ha quedado en silencio y eso llama su atención un instante. Detiene sus pensamientos. Le ve abrazado a sí mismo, negando con la cabeza, nota que está en los huesos, consulta su reloj, esboza un gesto de fastidio, y piensa que Espín Rael se lo atribuyó a Quevedo, Cotarelo a Guillem de Castro y Arturo Marasno a Juan de Valladares...

Entonces Tony parece haberse calmado algo, continúa rascando su antebrazo enrojecido.

...Sánchez Pérez dice que es obra de Alonso Salas Barbadillo y Menéndez y Pelayo no duda de que el autor fue Alfonso Lamberto...

—Diles que me den algo, por favor, hermana, diles que me lleven al médico. Por favor, hermana, por favor. Me estáis jodiendo vivo.

...para Rawdon Brown este Quijote lo escribió Gaspar Schöppe, y para José de Armas y Cárdenas fue el duque de Sessa.

Su hermano se ha sentado en el suelo, sostiene la cabeza apoyada en ambas manos y frota su rostro con gesto nervioso, sudoroso, emite en voz baja juramentos inconexos. El funcionario le mira indiferente. Julia consulta una vez más el reloj, falta poco, y piensa que Fray Luis de Granada fue el autor para César Moreno García, y que, como en la nómina tan solo faltaban Lope de Vega y el propio Cervantes, Don Ramón León Maínez tuvo el amable gesto de atribuírselo a Lope de Vega y Don Ricardo Martínez de Unciti al propio Cervantes.

Desde el suelo su hermano alza la vista, la mira un instante y en sus ojos enrojecidos se refleja un infierno de cucharas y de jeringuillas, un infierno de mecheros, de polvo que se vuelve líquido, venas que se esconden y pupilas que se dilatan, un infierno de chillidos, peleas y despertares en descampados, un infierno de suciedad, de frío y de hambre, de sirenas y comisarías, un infierno de cárceles y de hospitales. Y ella casi siente pena durante un instante, y después piensa que se le está haciendo eterna aquella media hora, y que Atanasio Rivero reordenaba las letras de los párrafos de *El Quijote* y lograba que dijeran lo que a él le parecía que debían decir. Hacía una interpretación anagramática delirante de la obra, y lo explicó en *El crimen de Avellaneda* donde le atribuyó aquel Quijote a...

El funcionario golpea el cristal con los nudillos. Es la hora. *Adiós, hermano, adiós,* ruido de fondo, luces amarillas, puertas, humedad y barrotes. Seres queridos que salen del recinto, silenciosos y cabizbajos, y llantos de preso cuando queda solo de nuevo y se da cuenta de que, además de la libertad, le han quitado todo.

En la casa el tiempo parece haberse detenido. Al abrir la puerta Julia encuentra el calor del hogar, el olor de la carne guisándose sobre el fuego y la sonrisa de su madre. Baldosas limpias, aunque viejas, sillas diferentes y un reloj en la cocina que marca las diez y veinte desde hace dos semanas. Amor, arrugas y pena contenida, la mesa puesta. Recuerdos bonitos, mañanas tristes y alguna ilusión. Pan, agua y vino.

—¿Cómo has visto a tu hermano? Parece que está algo mejor, ¿no?

—Sí, mamá, sí. Eso parece. —Y Julia le besa en la frente—. ¿Qué tal ha ido tu día, mamá?

***

Tan solo en una ocasión coincidí con Julia fuera de la biblioteca de la facultad, en donde yo trabajaba. Fue la tarde en que la universidad invitó a José Agustín Goytisolo a recitar sus poemas en el Aula Magna. En principio aquel recital iba a hacerse en el Teatro Universitario pero, dada la talla del autor, el rectorado decidió cambiar la ubicación, y fue un acierto.

En aquel recital conocí a su pareja. Desde luego a primera vista no parecían encajar mucho, aunque creo que venían del mismo barrio. No sé, tal vez se conocieran desde niños y de ahí les viniera el noviazgo, ya digo que no lo sé, pero eso fue lo que pensé. Aquel chico, Germinal, no tenía aspecto de intelectual, más bien al contrario: llevaba mocasines, vaqueros y una camisa de esas que dicen de leñador, tenía el pelo algo largo, no melena, sino más bien como si se te olvida cortártelo durante un tiempo. Llevaba una cazadora de cuero negra, horrible, que a buen seguro era la única cazadora de cuero que había en toda la sala. Lo que sí le sobraban eran desparpajo y amabilidad. Era gracioso, nos hizo reír en varias ocasiones rompiendo el ambiente solemne que siempre flota entre la madera del Aula Magna. Julia le presentó a varios profesores de la facultad y el chico con todos hablaba algo, no parecía intimidado.

El caso es que entre Julia y su pareja se notaba la sintonía: las sonrisas, las bromas, el interés con el que la escuchaba cuando ella nos hablaba del valor de la poesía de Goytisolo dentro de la generación del cincuenta, de la obra de sus hermanos, de Gil de Biedma y Carlos Barral, del realismo social... Ella hablaba y nosotros aprendíamos.

A la hora indicada para el comienzo del recital ocupamos tres asientos en las primeras filas. Miré hacia atrás, la sala no estaba llena pero la asistencia era muy buena. Algunos profesores habían advertido a sus alumnos de que lo que allí se hablara entraba para el examen. Viejos trucos de profesor viejo. Muchos de esos alumnos acudieron y tomaban notas.

Habló D. Raimundo Fernández-Basterra, decano de la facultad, y presentó al autor. Fue breve, repitió bastante de lo que Julia nos había explicado. Después Goytisolo se acercó al atril, se hizo el silencio y se apagaron algunas luces. Se presentó y comenzó a recitar.

Miré a Julia un instante, había colocado su mano sobre la de su pareja y ambos atendían a cada verso no sabría decir si con la mirada fija o con la mirada ausente, pero atendían con los cinco sentidos y las tres potencias que decía mi profesora María del Carmen Luzón. Y había mucho de unión en aquella imagen de la pareja, de comunión, de entendimiento, de sentimientos que les llegaban y se transmitían entre ellos a través de sus manos cálidas. Recitó Goytisolo *Palabras para Julia* y mirando a Julia parecía que la hubiesen escrito para ella, que Germinal la hubiese escrito para ella, sentí envidia, sana envidia. Vi a Julia emocionarse, vi a Goytisolo emocionarse. *Pero tú siempre acuérdate de lo que un día yo escribí pensando en ti.*

***

En 1931 Federico García Lorca escribió el *sueño va sobre el tiempo flotando como un velero*, casi medio siglo más tarde Ricardo Pachón le puso música y Camarón lo cantó. La canción, y el disco, tardaron años en calar pero calaron hondo, aunque los gitanos viejos seguían diciendo que aquello no era flamenco. Recuerdo que aquella mañana escuchábamos *La leyenda del tiempo* desde la cama mientras Julia me hablaba de Cervantes, cómo no. Me gustaba escucharla. Me habló de los enormes esfuerzos que hizo su familia para rescatarle de Argel. Tardaron un año en enterarse de que los dos hermanos, Miguel y Rodrigo, estaban presos, y todos ellos, incluidas sus dos hermanas, se comprometieron en documento público con un tal Hernando de Torres a pagar lo que costara el rescate. De eso me hablaba mientras yo entrelazaba mis dedos con su pelo. Su cuerpo desnudo sobre el mío, cuerpos cálidos después de hacer el amor.

Julia y yo nos habíamos conocido en una concentración de protesta contra la Ley de Autonomía Universitaria. Yo no estudiaba en la universidad, pero acudí al campus con los compañeros del sindicato para apoyar a los estudiantes. Aquel día llevaba un libro en mi mano, lo recuerdo: *Réquiem por un campesino español*. Lo había leído y se lo iba a regalar a Damián. Mientras hablaba con alguien noté que una chica me miraba a escasos metros, le sonreí pero ella no reaccionó, porque no me miraba a mí sino al libro. Regresé a lo mío, creo que hablaba con Sinaí, casi seguro. El caso fue que al rato encontré de nuevo la mirada de aquella chica, tal vez no conseguía distinguir el título de la novela, entonces me acerqué y se la ofrecí. Ella estaba al otro lado de uno de esos setos del campus que separan los jardines de las aceras: yo sobre la acera, ella sobre el jardín. Le expliqué que aquel libro narraba cómo al entierro de un campesino tan solo acudían aquellos que más habían tenido que ver con su muerte, que el resto se ausentaban por miedo. Bueno, mi explicación fue algo más larga, tratando de lucirme. Ella me escuchó atenta y cuando terminé asintió con la cabeza y me dijo que lo había leído, eso y que prefería *Siete domingos rojos*.

—Vaya. —Le mostré la primera página—. Había apuntado aquí mi número de teléfono.

Ella sonrió, tranquila, segura, preciosa. —Parece que ha salido mal el truco.

Yo también sonreí. —Bueno ¿Por qué no me apuntas el tuyo? —Le tendí de nuevo el libro y ella lo tomó.

—Ten. Antes de ofrecérselo a otra arranca mi número.

En la cama Julia hablaba aún de Cervantes: de cómo su familia consigue rescatar primero a Rodrigo y este colabora para lograr el regreso de Miguel, a quien hacía una década que no veían. Cinco años después aún seguían pagando las deudas que les ocasionó liberarlo.

De esas cosas me hablaba Julia, pero yo había dejado de atender a sus palabras y me centraba en su piel. Debió de notarlo porque alzó la mirada y dijo algo como que no le estaba haciendo ni caso. No era cierto, le hacía caso porque tan solo pensaba en ella, aunque no atendiera a lo que decía. Me besó en los labios, después apoyó de nuevo su cabeza en mi pecho en silencio, suspiró, y me dijo que me quería. Hubiéramos podido estar así durante horas, hubiéramos querido que el tiempo avanzara lento, pero no podía ser, Julia había quedado con el director de la revista Nueva Estafeta para ver si le publicaban un artículo de investigación, sobre los hermanos Argensola, creo. Alargamos los minutos, pero el reloj dictó sentencia y ella se vistió, me besó de nuevo y se fue, le daba pena irse. Yo regresé a la cama.

En el tocadiscos, un viejo *Phillips* que había traído de casa de mis padres, Camarón cantaba entonces *Volando voy*, de Kiko Veneno. Cubierto a medias por la sábana encendí un *Nobel* y comencé a fumar con un viejo cenicero de cristal a mi lado sobre el colchón. El humo ascendía hacia el techo formando una línea blanquecina y estilizada. El gato trepó por la manta y ocupó el hueco que ella había dejado y que aún guardaba su calor. Acaricié su cabeza con la mano que sostenía el cigarro y él miró hacia la puerta por donde se había ido Julia, se acurrucó aún más y me dijo: *Cuídate, Germinal, cuídate, que el amor caduca.* Y yo guardé silencio, extrañado, porque no sabía que aquel gato hablaba, ni que era tan hijo de puta.

***

Había allí un viejo sentado en un banco. Aquel viejo se acercaba casi cada tarde hasta el estanque para mirar las barcas que lo navegaban. Si lucía el sol el agua lo repartía en reflejos y destellos que bailaban entre las diminutas olas, entonces el viejo entrecerraba sus ojos cansados y creía verse de nuevo junto al mar soleado en el que se crio, un mar de cañas y barro, un mar de arroz y tartana. Después se incorporaba y con paso tranquilo y bastón se encaminaba hacia el colegio, para ver salir a los nietos.

Yo apenas veía a Julia en aquellos años. Fuimos inseparables durante un tiempo, en la adolescencia, pero después la vida nos llevó a cada una por su camino y sin darnos cuenta llegamos a un punto en que tan solo nos llamábamos por Navidad y para felicitarnos los cumpleaños, es ley de vida. No recuerdo cómo fue que quedamos aquella tarde en el Retiro.

Vino ella elegante, venía de una comida en la universidad con no sé quién, y así la recuerdo: acercándose sonriente sobre camino de tierra, y yo con Leyre en brazos.

Recuerdo que nos sentamos en la terraza del Mirador y pedimos dos cafés, el camarero los trajo en una bandeja metálica plateada, de esas que tienen reflejos redondeados, y los depositó con delicadeza sobre la mesa. Julia miró el suyo, era un café con leche, vi que ponía gesto de extrañeza y dudó un segundo, después le dijo al camarero que ella había pedido un café cortado, el camarero la miró y se hizo un silencio algo incómodo. Él no creía haberse equivocado, miró el café, tal vez esperaba que mi amiga se lo quedara, el caso es que quedó quieto unos instantes, y Julia le miró con gesto contrariado y se encogió de hombros, como indicándole su impaciencia por que resolviera aquello. El camarero finalmente retiró la taza sin decir palabra, molesto, mientras mi amiga lo seguía con la mirada con gesto serio. Cuando se hubo alejado algo Julia negó con la cabeza y dijo: Menudo imbécil, o algo así. No sé, yo tal vez me hubiera tomado el café con leche, total qué más daba. Pero bueno, la cosa es que tomamos café allí y hablamos de nuestras cosas. Julia habló de sus estudios y su tesis, y yo de Leyre; de la guardería, de que algunos días me había venido con un mordisco o un arañazo y me daba la impresión de que la profesora no prestaba suficiente atención a los niños, que era una dejada. Aunque yo era madre primeriza e igual aquello era normal, o más o menos normal y me lo estaba tomando demasiado en serio.

Aquella tarde, Leyre estuvo mucho rato sentada sobre las rodillas de Julia pintando un libro de dibujos que ella le trajo. No había pinturas pero Julia llevaba un bolígrafo en su bolso y Leyre hacía rayas sobre los dibujos, que eran un duende, una princesa y cosas así. Mi niña era muy pequeña y tan solo hacía rayas sin sentido, no sé si realmente trataba de pintar el duende o se divertía con el bolígrafo, pero parecía encantada, pintaba y daba manotazos en el libro. De eso hablamos, de Leyre, de algún amigo común del que ni ella ni yo sabíamos hace tiempo y de poco más. Lo que recuerdo de aquella tarde es que no teníamos mucho de qué hablar, lo habíamos tenido durante años, pero ya no. Leyre estaba allí y eso fue lo que nos hizo estar a gusto, lo que nos entretuvo y nos unió, poco más. Creo que aquella fue la última vez que vi a Julia.

Max Aub nació en París aunque se trasladó de niño a Valencia y escribió siempre en castellano. En 1937 trabajaba en el rodaje de Sierra de Teruel cuando tuvo que exiliarse. Ya en Francia consiguió, mejor dicho, consiguieron terminar la película justo a tiempo para que los nazis la secuestraran, trataran de quemar todas las copias y enviaran al bueno de Max al campo de concentración de Roland Garrós. En el autobús yo leía *El laberinto mágico*, y me parecía aceptable, tal vez entre aceptable y bueno, tampoco más.

Desde donde estaba sentado podía verla, en pie junto a la puerta de salida. Ambos cogíamos el cuarenta, yo en Candilejas y ella en San

Diego, siempre a la misma hora, a las ocho y media para estar en la facultad cuando abrían. A mí no me quedaba otro remedio que ir a estudiar allí cada día, con cuatro hermanos pequeños en casa, imagina.

Cuando yo subía al autobús ella ya estaba allí, normalmente en ese hueco que hay junto a la puerta de bajada, así que casi siempre pasaba a su lado. Al principio de curso no la conocía aunque me fijé en ella enseguida porque bajábamos en la misma parada, y entrábamos en la misma facultad. Tendría, calculo, unos diez años más que yo: gesto serio y mirada pensativa, ausente en ocasiones, iba casi siempre con libros en la mano, alguna vez con una mochila. Muy de mañana en mañana la encontraba sentada en alguno de los asientos traseros, leyendo.

Meses más tarde apareció en clase para impartirnos parte de la asignatura de *Métodos formales de la crítica literaria*. Tal vez no me reconoció, porque después de que fuera mi profesora tampoco nos saludábamos en el autobús, tal vez, simplemente, no se fijó nunca en mí.

En el aula hablaba calmada y no sonreía. La veías entrar, tan joven, tan delgada, tan segura... Dejaba un libro con los folios intercalados sobre la mesa, saludaba educada y comenzaba a hablar, sin prestar atención a si la gente había ocupado ya su lugar o no. Así aprendimos a apresurarnos cuando la veíamos aparecer por el pasillo. No recuerdo que mirara el libro o sus apuntes al tiempo que hablaba, tampoco que se sentara en ningún momento durante las escasas clases que nos impartió. Lo que sí recuerdo es que en un par de ocasiones varios alumnos hablaron al mismo tiempo que ella explicaba, entonces guardó silencio y se quedó mirándolos hasta que se dieron por aludidos, cuando ya los miraba también toda la clase. Aquellos chicos callaron avergonzados y ella continuó en su mismo tono tranquilo, como si nada hubiera habido.

Tan solo una vez hablé con ella, creo que fue cuando nos explicaba el formalismo eslavo, le pregunté algo a la salida, no recuerdo bien qué, ella me respondió con amabilidad y me recomendó un libro. Recuerdo que mientras me hablaba miró las pegatinas de mi carpeta: *Otan No* y la efigie del Ché. Ya sabes, veleidades de juventud.

En el autobús nunca le vi hablar con nadie. En la facultad todos decían que estaba liada con el catedrático Díaz Acevedo.

***

Nevaba sobre Madrid la primera noche en que Julia y yo hicimos el amor.

Acudimos, juntos, a la Avenida de la Albufera porque se había convocado allí una manifestación para pedir la ley del divorcio. También nevaba en la Avenida de la Albufera, aunque no demasiado. Había bastante gente y eso nos protegía algo del frío. La manifestación comenzó a avanzar y nosotros en ella, a la luz de las farolas. En uno de los breves parones besé a Julia en la mejilla y le dije al oído:

—Aún no nos hemos acostado y ya pides el divorcio.

Sonrió. —Me gusta ser previsora. —Y entrelazó su brazo con el mío—. Eso si quieres podemos hacerlo hoy.

—¿Hoy?, ¿lo de acostarnos? —Así me lo dijo, sin más. Lo habíamos hablado en un par de ocasiones, pero no esperaba, para nada, que me lo dijera así. Sonó improvisado y natural, tal vez no lo fue, no sé.

—Sí, si quieres. —Estábamos de nuevo parados. Sacó un paquete de chicles y me ofreció uno—. Hoy no está Joserra en casa, ¿no?

—Eh, no, no está. Tenemos la casa para nosotros. —Julia guardó silencio y me miraba. Fui lento al responder porque creí que ella iba a decir algo, pero ella tan solo guardó los chicles con calma en el bolsillo interior de su abrigo de pana marrón oscuro—. Eh, sí, claro, por mi perfecto. Claro.

—Vale, pues luego llamo a mi madre y le digo que me quedo en tu casa a dormir. —Miró hacia la cabecera de la manifestación donde una pancarta rezaba *El divorcio es un derecho*—. Porque no piensas echarme cuando terminemos, ¿no? —Una racha de viento, suave y helada, nos hizo encogernos en los abrigos.

—Eh, no, claro que no. —Creo que me vio algo lento de reflejos, le debió de hacer gracia verme apurado, a mí, que suelo ser tan seguro, y me vacilaba un poco—. Me vacilas. —La besé—. Puedes decirle que te quedas en casa de una amiga y arreglado.

—No, no me gusta mentirle. Prefiero que se enfade. —Reímos.

No fue su primera vez. Ella había hecho el amor con un novio que tuvo hasta que empezó la universidad, lo hacían en el coche. Recuerdo que cuando me lo contó le dije que yo solo lo había hecho con una prostituta pero Julia no me creyó, ella dijo que seguro que me había acostado con alguna del sindicato y que no se lo quería contar, pero no era cierto. Bueno, no era cierto nada, ni que me hubiera acostado con alguna compañera ni que me hubiera ido de putas. La única verdad era que yo nunca había hecho el amor, eso y que el primer día que lo hablamos me dio vergüenza reconocerlo, y después más aún, porque después ya me hubiese tocado confesar mi virginidad y mi mentira, doble pecado. Así que por mucha liberación sexual y mucha *Movida* que hubiera en Madrid allí estaba yo: con veinte años soltero y entero. Pero eso a Julia nunca se lo confesé.

Bueno, continuó la manifestación, estuvimos como una hora o así bajo el frío y la nieve. Julia me hablaba tranquila, me contaba la historia de una vecina a la que hacía pocos años el marido había denunciado por adulterio, que se la había llevado la policía, algo así. La historia tenía interés pero yo comenzaba a estar nervioso, para qué voy a decirte otra cosa. Trataba de aparentar que no, pero estaba nervioso y perdía a ratos el hilo de lo que ella me decía. Julia estaba relajada y preciosa, comenzó a corear algo..., alguna consigna feminista, imagino.

De allí nos fuimos en metro hacia Atocha. El metro iba bastante lleno y nos tocó ir de pie, yo agarrado a la barra, Julia a ratos abrazada a mí.

—Habrá que cenar algo, ¿no? Porque seguro que en casa no tienes nada. —Asentí, ¿qué iba a decir? Tenía razón. En casa no había mucho.

Así que al llegar al barrio entramos en el *Monforte*. No había mucha gente. Desde la calle ya vimos a través de las cristaleras que había mesas libres. Elegimos una y cuando nos estábamos quitando los guantes y los abrigos se acercó Elisa. Le pedimos dos bocadillos de lomo con pimientos y dos cervezas, que al final fueron cuatro. Casi nos habíamos terminado las primeras cervezas cuando nos trajo los bocadillos. Recuerdo que antes de irse apoyó su mano en mi hombro y hablamos algo los tres, muy poco. Nosotros le comentamos que veníamos de la manifestación y ella nos dijo en tono de broma: *en que aprueben la ley mando a este a freír espárragos.* Señalaba a Emilio, quien limpiaba una mesa cercana. Después regresó a la barra, o a la cocina, y quedamos solos de nuevo.

Mientras cenábamos Julia me contó que el trabajo de final de curso de la asignatura de Literatura Contemporánea lo iba a hacer sobre el simbolismo en *Pedro Páramo*. Yo asentí, aunque tan solo pensaba en lo nervioso que estaba, en que tal vez estaba demasiado nervioso para que aquello funcionara. Julia bebía y dejaba la cerveza sobre la mesa de plástico, que en su dibujo simulaba sin mucho acierto ser madera, y me hablaba de que Comala simbolizaba el infierno y de que todos los personajes eran ánimas, incluso el narrador. Y yo mientras pensaba: *¿Y si fallo?, ¿y si ahora voy y fallo?* Empecé a rayarme con el tema. Julia hablaba de Juan Rulfo y de Juan Preciado y yo trataba de atender, al menos para distraer la mente, para no presionarme más a mí mismo, aunque estaba impaciente. No estaba impaciente por hacerlo sino por romper esa barrera, porque ya lo hubiéramos hecho, aunque saliera solo regular, después ya mejoraríamos. Es que no sé si me explico, pero era como abrir un camino para otras veces, en eso pensaba yo, en eso y en lo que me jodía estar tan nervioso.

Sobre la mesa había un servilletero y un palillero, cogí un palillo y entretuve mis dedos jugando con él mientras Julia, labios finos, sonrisa serena, hablaba tranquila, gesticulaba algo y bebía de su cerveza. Cuando me hubo explicado la recurrencia a la muerte en aquella novela y cómo esto entroncaba con la cultura tradicional mexicana tomó una servilleta, de esas que casi no limpian, y frotó con ella sus manos, después la enrolló y la introdujo con delicadeza por el cuello verde de la botella hasta que cayó sobre el fondo de cristal donde todavía aguardaba algo de espuma.

—Bueno, ¿vamos para tu casa?

—¿Eh?, sí, claro, cariño. —Y tomé la mano que ella me ofrecía.

Salíamos del bar mientras un hombre, de unos cincuenta años, barba de varios días y cigarro en la mano, apilaba sobre la barra monedas de cien pesetas que había ganado en la tragaperras para que el camarero se las cambiara por billetes, y pensé que era afortunado. Pensé que era afortunado yo, no el hombre aquel, del hombre aquel no pensé nada.

***

Había en la zona de departamentos de la facultad un pequeño jardín interior, eran apenas unos metros cuadrados de hierba con algún árbol y rodeado por paredes en sus cuatro orillas. Su escaso tamaño y los tres pisos de altura del edificio hacían que tan solo recibiera algunos rayos de la luz del sol en las horas del mediodía. Por su ubicación los alumnos no podían entrar y los profesores no solían hacerlo. A Julia le gustaba bajar a tomar el café allí, casi siempre sola. Solía llevar algo de fruta para almorzar pero aquella mañana la había olvidado.

Sentada en el banco, el café humeante entre las manos. Dos gorriones nerviosos picoteaban algo en el suelo apenas un par de metros más allá, tal vez las migas del bocadillo que alguien hubiera arrojado desde la ventana. Julia repasaba mentalmente lo que quería hacer aquel martes: el resto de la mañana y parte de la tarde entre el despacho y la biblioteca, trabajando en sus notas sobre la *Aproximación al Quijote* de Martín de Riquer, y estudiando lo que podía incorporar de ese libro a su tesis; comería con Belén, y a media tarde iría al centro de Madrid, de compras, aprovechando que la universidad había aceptado su solicitud para retribuirle a modo de beca algunas de las clases que había impartido como méritos de doctorado, y le habían ingresado cuarenta mil pesetas en su cuenta bancaria.

La semana siguiente era el cumpleaños de Germinal y Julia quería sorprenderle, así que se acercaría hasta una tienda de Preciados de la que le habían hablado y compraría ropa íntima cara, delicada y colorida. Noches de Germinal o noches de flexo, libro, café y lápiz. Así eran las noches de Julia, así era su carrera por terminar lo antes posible aquella tesis. Pocas horas de sueño, pocas horas de sueños.

Bebió un sorbo de café y miró hacia arriba, vio un precioso gato atigrado que paseaba elegante por el borde del patio interior. El gato arqueaba algo el lomo y colocaba cada pata delante de la anterior con parsimonia, indiferente al vacío. Alcanzó un punto del muro en el que había un hueco, un metro le separaba aproximadamente del siguiente tramo de voladizo, se agachó, dispuesto a saltar pero dudó un instante. Entonces Julia se fijó en que en el piso superior el catedrático Beltrán Díaz Acevedo fumaba asomado a una de las ventanas, no la miraba, aunque seguramente la habría mirado ya. Casi en un gesto reflejo Julia se llevó la mano al pecho y bajo la vista para comprobar que no llevaba escote. Después aspiró el humo de su Ducados y miró de nuevo hacia el gato que asomaba su cuerpo sobre el final del voladizo dispuesto ya a saltar, y pensó: *ojalá te asomes demasiado sin darte cuenta, ojalá te caigas y te revientes contra el suelo.* Después pensó de nuevo en Germinal, y en su madre. Entonces apagó el cigarrillo, frotándolo contra el banco, y lo dejó caer dentro del vaso de plástico de su café. Se incorporó para regresar al despacho y cruzó junto al sicómoro que decoraba el jardín. Apenas había dos árboles en aquel diminuto jardín, un olivo al fondo y el sicómoro en la entrada. Julia tan solo sabía que se trataba de un sicómoro porque lo indicaba una placa: *Sicómoro - Ficus sycomorus*, eso rezaba la placa. Respiró hondo y pensó que aquel era un árbol extraño, y que no sabía cómo se decidía qué árboles se plantan en los jardines interiores de una universidad.

Libreros de viejo, historia de Madrid. Casetas de madera y toldo, tablas y caballetes. Hojas que trae el viento desde el parque del Retiro hasta la cuesta. Jóvenes turistas y viejos literatos. Gomis, Prestel, Blázquez, Riudavets..., Ian Gibson profundo y pensativo junto a la misma caseta en la que Lorca preguntaba por *Hojas de otoño*, o por *Niebla*.

—¿Trabajar y morirme, como papá?, ¿ahorrar siempre, criar niños y poco más? No, yo no quiero eso, y yo haré lo que quiero hacer. Algún día mamá hinchará el pecho y dirá que su hija es profesora en la universidad. Y, bueno, las vecinas seguirán preguntándole que si estoy casada y que si tengo hijos. —No pudo evitar que se le escapara una sonrisa.

Le gustaba ir sola a la Cuesta, así no se preocupaba de si nadie llevaba media hora esperándola mientras ella revisaba los viejos cajones de madera. Encontró casualmente un ejemplar de *Volverás a Región*, de Benet, allí todo se encuentra por casualidad. Costaba cincuenta pesetas, en la primera página aparecía el precio escrito a lápiz con letra bonita. Olía a lignina. Lo guardó para comprarlo. Ya lo tenía pero un precio tan bajo le pareció casi ofensivo, le dio la impresión de que quien viera la novela así, tan barata, creería que no valía mucho, y no era cierto. Seguro que encontraba a quien regalársela. Sostenía a Benet bajo el brazo para tener las manos libres y continuar con su búsqueda de tesoros de saldo. El librero, a su lado, ordenaba una colección de realismo mágico iberoamericano.

—Ese es una buena elección —le dijo, señalando el libro que Julia cogía en ese momento.

—¿Este? Este lo he leído, y creo que el autor debería devolverme las seis o siete horas de vida que perdí. —Devolvió a Gironella a su cajón ajado.

—Ja, ja. Curiosa teoría. —El librero consideró ya alineados a Rulfo, Allende y Miguel Ángel Asturias y abandonó la tarea—. Cuando vas al futbol y pierde tu equipo, ¿te devuelven el dinero?

—¿Al fútbol? No sé, no he ido nunca. Pero sigo creyendo que este hombre me debe el tiempo que me hizo perder.

—Bueno, si lo veo por aquí se lo comento.

Julia había ido muchas veces al fútbol, de niña, con su padre, ella de una mano y Antonio de la otra. Recordaba aquellas tardes de frío en el Campo de Vallecas. ¿Siempre hacía frío en aquel campo? Julia lo recordaba así, con gorro y guantes y a su padre entre ellos dos gritando, animando, sufriendo, maldiciendo en ocasiones. Su padre se transformaba cuando entraban al estadio y ella lo miraba sorprendida y en ocasiones algo asustada.

Y cuando regresaban hacia casa, por Martín Álvarez, el Rayo había perdido y papa decía: *Pitan a favor de los grandes, como en la vida, Antoñito, en la vida siempre pitan a favor de los grandes.* Y les invitaba a una Mirinda y a unas patatas bravas en el América antes de llegar a casa. *No le digáis a mamá que hemos comido nada que si no, en la cena me cae la bronca.* Esas eran sus pequeñas mentiras, y ellos sus pequeños cómplices a los que siempre terminaba escapándoseles la verdad.

Julia recordó que había quedado en comprar algo para la cena, pagó por Benet, y comenzó a caminar hacia el Paseo del Prado.

***

Hacía frío, sangre y suciedad en la carretera de San Martín de Valdeiglesias. Antonio y Casimiro caminaban sobre la tierra prensada del descampado acercándose al lugar donde creían haber visto algo extraño entre piedras y arbustos, no muy lejos de la cuneta. Diecinueve años, casi una niña. *No te olvides de mí.*

La única ocasión en que hablé a solas con Julia fue la tarde en que acudimos, con el sindicato, a la manifestación de protesta por la muerte de Yolanda González; muerte cobarde. La manifestación fue en Vallecas. Subimos por Peña Prieta y llegamos hasta la academia donde Yolanda estudiaba, allí se había preparado un pequeño escenario al que subió bastante gente para hablar de ella. Cuando terminó el acto algunos nos quedamos en la avenida y cortamos el tráfico. Se formó un poco de caos, no mucho, la cosa estaba más o menos tranquila. Sentados en la calzada fumábamos y hablábamos en corro, estábamos cerca de la calle del Monte Igueldo. En pocos minutos escuchamos disturbios por el puente; revuelo, golpes, frenazos, chillidos y carreras, cargas, humo y finalmente varios disparos que suenan con claridad, como si rompieran un silencio. Al escuchar los disparos comenzamos a correr. Nos dispersamos y, por azar, Julia y yo terminamos refugiados en el mismo portal de Martínez de la Riva. Por eso pasamos la tarde juntos.

Aquel día no habíamos señalado ninguna esquina ni ningún bar donde reunirnos si alguien se perdía, así que dedicamos una hora a dar vueltas por la zona para ver si localizábamos a los demás, sobre todo a Germinal. Pero cada vez llegaba más policía y quedaba menos gente, tuvimos que irnos. Bajamos por la avenida para coger el metro en Portazgo. Antes de subir al vagón Julia llamó desde una de las cabinas a casa para ver si Germinal había llamado, y no lo había hecho. Le dijo a su madre que iríamos hacia su casa, hacia la de Germinal, que si llamaba se lo dijera. También llamó al sindicato pero no cogieron el teléfono. Estaba preocupada por si lo habían detenido.

Nos sentamos en el vagón, cerca pero sin rozarnos. Yo era tímido, sigo siéndolo, y a solas con ella me sentía algo incómodo, aunque Julia era la novia de un compañero y eso me daba tranquilidad. Si ella no hubiera tenido pareja me hubiera sentido mucho más nervioso. Julia no era tímida, ella era dura, aunque aquella tarde algo menos. Yo no sabía de qué hablar y a ella no le incomodaba el silencio, a ella tan solo le incomodaba no encontrar a Germinal. *Tirso de Molina, Sol, Gran Vía, Tribunal,...* Tardamos en llegar a Atocha y, una vez allí, lo primero que hicimos fue llamar de nuevo por teléfono, Julia a su casa y yo al sindicato. Germinal no había dado señales de vida pero en el sindicato me tranquilizaron, me dijeron que no habían detenido a nadie, ella no se tranquilizó tanto como yo, ella sentía ansiedad y yo lo veía.

Caminamos por Santa María de la Cabeza, Julia miraba al suelo casi todo el tiempo y esbozaba un gesto de preocupación, yo repetía que si lo hubieran detenido o le hubiera pasado algo ya lo sabríamos, pero ella apenas hablaba y, desde luego, mis palabras no le daban demasiada paz.

En casa de Germinal nadie contestó al timbre. Julia tenía llaves pero no las llevaba encima, eso dijo. En todo caso de nada hubiera servido si él no estaba allí. Cruzamos la calle y entramos a tomar algo a un bar de tapas desde el que se veía el portal. Dos cañas sobre mesa de mármol y ella llamó de nuevo desde el teléfono del local. Entonces su madre le dijo que Germinal había llamado, y que venía hacia su casa. Se iluminó la cara de Julia con una sonrisa y recordé que tiempo atrás alguien había sonreído así al verme.

Sabiendo que Germinal estaba bien nos relajamos y Julia comenzó a hablar mucho, nunca le había oído hablar tanto. Me dijo que su padre había pertenecido al PCE, yo le dije que muchos anarquistas se habían afiliado al partido porque era lo único que había en Madrid durante el final del franquismo. Entonces ella se rio y me dijo que su padre se había afiliado porque era comunista, no porque no hubiera otra cosa, y porque pensaba que los anarquistas éramos unos ilusos, que lo nuestro no tenía pies ni cabeza y que éramos incapaces de ponernos de acuerdo en nada. No quise discutir, se le veía feliz. Además ella estaba afiliada al sindicato.

Germinal aún tardó casi una hora en llegar. Se besaron y se iluminó de nuevo el rostro de Julia, también el de mi amigo, que me dio un fuerte abrazo y palmeó mi espalda. Él insistió en que tomáramos algo pero era evidente que yo sobraba y me despedí. Cuando ya me iba Julia me detuvo. —Espera. —Sacó de su bolso un libro—. Ten, quédatelo, ya lo he leído, es muy bueno. —Miré la portada: *El Jarama*. Pensé que el Jarama pasa cerca de Vallecas.

Y caminé de nuevo por Santa María de la Cabeza con las manos en los bolsillos para protegerme del frío de febrero. Llegué a la estación de metro y recordé la sonrisa de Julia. Yo apenas había tenido una pareja, Minerva. En la estación tiré a una papelera el libro que me había regalado.

Cuando Minerva y yo coincidíamos ella me hablaba tranquila, ni se alegraba de encontrarme ni le molestaba, le traía sin cuidado. Dicen que lo contrario del amor es la indiferencia.

***

No recuerdo cuál fue la última vez que vi a Julia. Ni siquiera recuerdo si fue antes o después de que presentara su tesis. Al final ya acudía a la biblioteca de la facultad muy de tarde en tarde y tan solo para saludarme y tomar un café conmigo.

En aquellos meses ella había comenzado a dar clases en Granada, de eso estoy segura. Tampoco es raro que cuando los estudiantes están terminando su carrera, o su doctorado, miren ya más hacia afuera que hacia la facultad. Pero vamos, no creo que hubiera despedida como tal, hubo un día que fue el último pero ni ella ni yo supimos que lo era. Lo que sí recuerdo es una tarde de otoño en que vino a verme cuando tenía ya la fecha para presentar su tesis. Vino feliz y me trajo un pañuelo para el cuello, bonito, en tonos fríos, azules y algo de gris, todavía lo tengo por ahí. Se sentó conmigo, tomamos un café, me dio las gracias por ayudarle con los libros y me invitó a la presentación aunque, no sé por qué, no pude acudir.

Y recuerdo que aquella tarde hablamos de Granada. A Julia le gustaba la ciudad y el ambiente universitario y me contó que si hubiera tenido la tesis aprobada habría podido impartir más horas de clase en otro departamento, tampoco me dio la impresión de que le preocupara demasiado el tema, o tal vez no estuve muy atenta a lo que me transmitía ya que comencé a recordar mi viaje de novios junto con Ramiro. A nuestro hijo Santiago lo *encargamos* en Granada. Y me acordé de los días en los que todo era nuevo: la vida juntos, la piel contra la piel, el sexo... En aquella luna de miel fue mi primera vez, porque entonces no era como ahora... Es curioso que, a pesar de los años, cierro los ojos y aún veo nuestros paseos de la mano por las calles del Albaicín, nos veo a los dos abrazados al atardecer en alguno de los miradores, abajo los tejados y enfrente la Alhambra tiñéndose de rojo. ¡Qué limpio era todo entonces!, el amor, el aire. ¡Qué llenos estábamos de todo!, y cómo se nos fue escapando con los años, poco a poco, sin darnos cuenta, como arena entre los dedos. *Volverás a Granada* dice el cantante, pero no es tan sencillo, la vida no va hacia atrás, y nosotros no volvimos. No volvimos y Julia me lo recordó, y el otro día, mientras limpiaba alubia verde en la cocina traté de no pensar en ello, pero al final lo hice y tuve que reconocerme que lo nuestro hace ya tiempo que no es amor, lo nuestro es inercia, inercia, hastío y domingos por la tarde en casa, sin saber qué hacer ni qué decirnos.

—¿Te gustaría quedarte a vivir en Granada, Julia?

Y ella se encogió de hombros y bebió café. —No sé, no lo había pensado. —Pero no, no le gustaría. Su sitio estaba en Madrid, junto a su pareja y a su madre. Sin ellos no.

No creo que aquel fuera el último día en que la vi, casi juraría que no lo fue, pero sí recuerdo que aquella tarde flotaba entre nosotras un aire de despedida, de ciclo que termina, de puerta que se cierra. Charlamos un rato, tranquilas, tal vez se acercó algún estudiante a hacerme una consulta, no sé. Recuerdo sus manos cerca de las mías, sosteniendo la taza de café, y a través de las cristaleras el sol rojizo que se escondía entre los edificios. Si hubiera llegado más tarde, después de anochecer, no hubiera habido ya ese tono de despedida entre nosotras. Julia miraba aquel sol y aquel ocaso, y tal vez pensaba que regresaría algún día a la facultad como profesora, no lo sé.

***

Había en Madrid un autobús que recorría toda la zona sur de la ciudad, creo que era el veintisiete. Sagrario lo cogía en Méndez de la Riva cada sábado y algunos miércoles. El autobús paraba en Legazpi, en Usera y recorría toda la calle del General Ricardós. Pero ella no se apeaba allí, ella continuaba hasta Carabanchel para visitar a su hijo, que la trataba como a una mierda. Después regresaba a la parada, llorosa, y tomaba el mismo autobús para volver a casa donde le aguardaban una televisión en blanco y negro, una estufa de butano y tapetes de ganchillo.

Había en la cocina una radio siempre encendida y en el pasillo figuras de escayola que, si no te fijabas mucho, parecían de porcelana. Calcetines remendados con un huevo de madera y una pensión escuálida que alcanzaba hasta el día veinte, o menos. El *Un, dos, tres*, cada viernes y el *Consultorio de Elena Francis*, cada día.

También vivían junto a ella los recuerdos de los bailes de verano, allá en el pueblo, de un noviazgo bonito en Madrid, de una luna de miel en Benidorm y de un marido que se fue demasiado pronto.

Sagrario tenía un hermano en Canillejas y dos baldosas rotas en el cuarto de baño, tenía rulos los martes, pescado los viernes y misa los domingos.

En el barrio había algunas vecinas que con el tiempo se hicieron amigas y una parroquia cercana donde, cada dos semanas, había que rezar diez padrenuestros y diez avemarías después de confesar unos pecados que no tenía. Había trabajo, paro y muchos chavales por la calle. El mercado municipal de Puente de Vallecas quedaba un poco lejos pero en algunos puestos se fiaba, y en el ultramarinos de la calle Martell también.

Por las tardes Sagrario se ponía el abrigo y apagaba la estufa, porque había que ahorrar cada peseta para esos libros tan caros de la niña. Y si el día se nublaba notaba cómo desde el aparador de madera del cuarto de estar le observaba un niño vestido de primera comunión. Entonces tomaba la fotografía y la miraba al tiempo que negaba con la cabeza, tratando de recordar en qué momento aquel niño perdió el camino, y veía que se le escapaba entre los dedos y no sabía qué hacer, y se sentía culpable.

Arroz, garbanzos y lentejas. Amor, resignación y soledad. Mucho cariño, poco rencor, y una rodilla que cada día duele más.

***

Yo entonces vivía por el barrio de San Juan, en Monasterio de Fitero. Por las mañanas caminaba recogida en mi abrigo por Monasterio de Irache, pasaba junto a la cárcel y desde allí cruzaba por el parque de la Taconera. En un largo tramo no había árboles que me protegieran y el txirimiri me acariciaba con su manto helado. Solía detenerme un instante junto a los fosos para ver a los ciervos ahí abajo, sobre la hierba, exhalando vapor indiferentes. Los pavos reales todavía dormitaban. Alguna vez me acercaba a la jaula de los monos pero no me gustaban demasiado, por sus chillidos. Después cruzaba por el Portal Nuevo y caminaba sobre la piedra ennegrecida por siglos de lluvia, viendo enfrente la nieve que cubría San Cristóbal. Brillaban los adoquines en la calle Mayor, donde trabajaba.

Hablé con Julia después del entierro de Ventura, después de que discutiéramos en el entierro, o algo así, lo cierto es que no recuerdo bien lo que había ocurrido, tan solo que habíamos terminado discutiendo y que poco después ella llamó a casa de mis padres para hablar conmigo. Mis padres no le dieron mi nuevo número pero me dijeron que había llamado. Yo tardé en devolverle la llamada porque cuando pensaba en ella pensaba en Ventura, y en lo mal que habíamos terminado quince años de noviazgo y de matrimonio, en lo mal que había terminado todo. Y no quería pensar en ello. Así que lo dejé estar durante unos días, que después fueron semanas, pero al final la llamé, no sé si lo hice porque quería hablar con ella o porque me sentía culpable por no haber llamado yo primero. No sé, solo sé que en el fondo me alegraba de que hubiera intentado que habláramos porque la quería y me había dolido que termináramos mal. En fin, el caso es que la llamé y hablamos. No nos disculpamos, no fue necesario, ninguna de las dos se disculpó, tampoco hablamos de Ventura aunque flotaba en el ambiente, en cada palabra, sobre todo en cada pausa, y a mí eso me desagradaba, me producía ansiedad, la misma que sentí cuando cogí el teléfono para marcar su número. Pero ninguna de las dos pronunciamos su nombre. Yo temía que me preguntara, que quisiera que le contara, de los gritos, del terror y de los golpes, y que tuviera que recordar lo que trataba de olvidar, pero Julia no era así. Ella me habló tranquila y en su tranquilidad me fui yo serenando. Comentó que estaba preparando una conferencia sobre la esclavitud en tiempos de Cervantes, para la Universidad de verano, creo, y le estuve haciendo preguntas. De eso fue de lo que hablamos, de los esclavos negros, moros y moriscos que llegaban a Sevilla para ser repartidos por el país, de los que comenzaron a llegar desde las américas, que se consideraban menos lujosos. Hablamos del propio Cervantes: *Yo he estado en Argel cinco años esclavo* que dice uno de sus personajes en *Los trabajos de Persiles y Sigismunda*, en fin, de cosas así, que a mí, en aquellos días me traían sin cuidado, pero prefería que habláramos de eso y evitar otros temas.

También yo hablé algo. Le conté que vivía en Pamplona y que había comenzado a trabajar de camarera en una cafetería, no le dije que estaba conociendo a alguien, tal vez lo intuyó. No sé, recuerdo que hablamos de otras cosas sin importancia, de tonterías, y en realidad tan solo nos estábamos diciendo que nos teníamos cariño, y que no queríamos que nuestro último recuerdo juntas fuese una discusión en un entierro.

Y después ya quedamos en vernos para Navidad, en tomar un café en Madrid cuando visitara a mis padres, en acudir juntas a alguna exposición en la Casa de América y cosas así. Aunque las dos sabíamos que no iba a ocurrir, que su voz me traía a Ventura: al día en que me la presentó, a las charlas que compartimos los tres en la facultad, a las noches por Lavapiés, a las manifestaciones en la universidad..., a eso y mucho más, y yo no quería traer a Ventura. Y Julia era parte de él. Aquella era la última vez que íbamos a hablar, no era culpa suya, ni mía, no era culpa de nadie, era una de esas cosas que pasan porque sí, pero era la última vez, aunque Julia y yo jugábamos a que no lo era.

Y después ya colgué el teléfono y sentí que cerraba una parte de mi vida, y lloré, y busqué en mi bolso la caja de Orfidal y tragué uno, nerviosa, ayudada por un vaso de agua. —Adiós, Julia. Adiós, Ventura, adiós, te vine grande.

***

Recuerdo aquella noche, Julia, porque fue la noche en que escuché a Paco de Lucía tocar *Río Ancho* en el Corral de la Morería y algo así nunca se olvida.

Solías acompañarme a los conciertos de flamenco. No lo hacías por la música, que te daba igual, me acompañabas porque me querías, por eso y porque sabías que si tú no venías yo no tenía con quien ir. En aquella época a los anarquistas de Madrid todavía no les gustaba el flamenco.

Carmen Amaya, Peret, José Mercé, Enrique Morente..., andaluces del norte, andaluces del sur. A todos los vi a tu lado, pero recuerdo aquel día de un modo especial porque pensaste en mí, en lo que me haría ilusión, y compraste las entradas, que eran caras, con el dinero que habías cobrado al impartir unas clases en la universidad de verano. Fue un gesto precioso, como tantos otros. Así eras conmigo, Julia. Yo tenía que pagarte algún curso de los del doctorado porque en casa no os llegaba el dinero, pero cuando tú cobrabas gastabas lo ganado en tu madre y en mí.

Y aquella noche entramos en el Corral, cómo olvidarlo; había calor, jaleo, humo y manzanilla en copas pequeñas, porque tú dijiste que eso era lo que bebían los cantaores. Apoyado en la barra estaba Camarón, que acaba de cantar en Torres Bermejas y en una mesa cercana a la nuestra Carmen Linares y Juan Varea. Apareció el genio de Algeciras con su guitarra, saludó y se sentó. Se hace el silencio, comienza la magia. Tú siempre apreciabas el talento, el trabajo y el arte, pero aquella noche fue diferente, aquella noche te sorprendió la magia, eso no lo esperabas.

Así te recuerdo ahora: tu mirada fija en sus manos y en la guitarra, la boca entreabierta. —¡Qué maravilla, Germinal, qué maravilla!

Y yo mirándote y pensando: *Qué maravilla tú, Julia. Qué maravilla tú.*

Por aquel entonces yo estaba terminando de revisar el libro que escribí sobre el censo enfitéutico, *Aproximación y estudio del censo enfitéutico en la legislación española*, así lo titulé. Me fue bien, tuvo bastante repercusión en los círculos académicos y creo que influyó en que, años más tarde, me propusieran para miembro del Consejo General del Poder Judicial como jurista de reconocida competencia.

Nunca me ha dado pereza compaginar mi labor docente con el estudio y la publicación. No sé, considero que tal vez la investigación sea mi actividad principal, al menos la que otorga más valor a la sociedad. No lo digo por hacer de menos a la enseñanza, a mí me encanta enseñar y tratar con los alumnos, pero la realidad es que licenciados en Derecho salen miles cada año de las universidades e investigaciones de calidad, pocas.

Bueno, pues en aquella época solía ir bastante a comer con Beltrán Díaz Acevedo, al comedor de profesores de la facultad. Nos llevábamos bien, él entonces trabajaba en un libro sobre la influencia de Jorge Isaacs en la poesía hispanoamericana contemporánea, lo recuerdo porque todavía guardo en la librería el ejemplar que me regaló. El caso es que comíamos juntos y hablábamos de nuestros trabajos y de nuestras investigaciones. Aprendí mucho de literatura en aquellos años. Yo le hablaba de derecho sucesorio, de la desaparición de hecho y la declaración de ausencia y él me explicaba la lírica culta castellana medieval. Hacíamos una especie de intercambio de conocimientos regado con vino de Rioja. Pero no solo hablábamos de temas académicos, también hablábamos de nuestro día a día, de cualquier cosa. Recuerdo que Beltrán era el tutor de tesis de una chica. Era la segunda alumna a la que guiaba en su doctorado, aunque sé que no lo hacía por benevolencia sino porque creía que aquello le daba una imagen más amable, más cercana a los alumnos, y que le ayudaría en las elecciones para rector. Bueno, y no solo por eso, que con la anterior le fue bastante bien en lo personal, aunque con esta no. Por lo que me contaba esta se le resistía, y eso que era una guarra de esas de ahora, de esas del amor libre que van por ahí acostándose con todos, y él le había ayudado bastante, hasta le encontró trabajo como profesora en Granada. Pero me dijo que de momento se le resistía, pero que iba avanzando. No sé en qué terminaría la cosa. A ella la vi una vez, guapa, buenas tetas, preparaba la tesis doctoral sobre el Quijote de Avellaneda, se ve que no encontró un tema más tópico y más manido en toda la historia de la literatura. Ya se sabe que cualquier profesor que se aburre saca un libro con su teoría sobre Avellaneda, porque además para eso siempre aparece alguna subvención. El propio Beltrán había escrito uno sobre la materia y recuerdo que me dijo: entonces se lo adjudiqué a Jerónimo de Pasamonte, ahora tal vez se lo adjudicara a Liñán de Riaza o a Blanco de Paz. Él decía *se lo adjudicara*, yo hubiera dicho *se lo imputara*. Vamos, que hasta yo mismo hubiera podido hacer una tesis sobre el falso Quijote sin entender de literatura. Pero bueno, como decía, no solo hablábamos de trabajo, también de otros temas. Hablábamos mucho de la Sierra de Gredos, que los dos conocíamos bien. Él había nacido en Hoyos del Espino, y yo al otro lado de la sierra, en Arenas de San Pedro. También alguna vez hablábamos de las cometas, porque Beltrán vivía en el Paseo de la Florida, y yo los domingos solía ir cerca de allí con mi hijo a volar nuestra cometa, solíamos ir a la Casa de Campo, por donde el embarcadero. Una mañana nos encontramos, cuando él salía de casa, y nos dijo que algún día había visto volar nuestra cometa desde su ventana aunque no lo imagino yo dedicando tiempo a ver volar las cometas, tal vez lo dijera por contentar a Iván. Tampoco creo que desde su ventana se viera la Casa de Campo. El caso es que a mi hijo y a mí nos encantaba volar la nuestra. Iván aprendió enseguida así que, casi todo el tiempo, él la manejaba y yo miraba, pero no me importaba porque pasábamos la mañana juntos. Es agradable volar cometas, sientes que el viento tira de ti con fuerza, sientes un poco la naturaleza en tus manos, y una vez que aprendes no es tan difícil e incluso puedes hacer dibujos en el aire. A Iván se le daba muy bien y a mí me gustaba observarle, en pie a su lado, con las manos en los bolsillos. No íbamos todos los domingos porque no siempre hace viento allí, o a veces teníamos el día ocupado con otra cosa, o llovía..., pero vamos, que estuvimos yendo varios años. Después ya lo dejamos porque Iván creció y no le apetecía ir, pero recuerdo con mucho cariño aquellas mañanas a su lado viendo cómo nuestro pequeño dragón de papel bailaba en el aire.

Íbamos los dos solos. Inma, mi mujer, no solía acompañarnos, ella aprovechaba aquel rato para leer algo o para corregir exámenes así que, después de volar la cometa, la pasábamos a buscar y comíamos los tres juntos por ahí. Inma se había criado en México y los domingos por la mañana, sentada en el sofá, con un libro entre sus manos, nos decía: *Vayan, vayan ustedes a volar el papalote.*

***

Nos quisimos mucho, mucho, pero eso no fue suficiente. Y no lo fue porque después de los besos abría su bolso y de él salían celos, nervios y derrotas del pasado que marcaban el presente, salían chillidos, pastillas y elegir el camino malo en cada cruce. Al final fue ella quien decidió que no siguiéramos, yo podría haber aguantado más, por ver si las cosas mejoraban. Aunque después pensé que el amor no es aguantar, que es otra cosa. Me llamó al tiempo, pero no quise saber más de ella, para entonces ya había respirado, había visto las cosas con distancia y a veces cuando te cierran la puerta eres tú quien pone cuatro o cinco cerrojos para asegurarte de que no vuelva a abrirse. Pero la verdad es que cuando terminó lo pasé mal. Fue entonces cuando me volqué más en el sindicato, por ocupar la mente, y comencé a encargarme de coordinar el periódico: buscar las colaboraciones, maquetarlo, la impresión, distribuirlo, y hasta escribir algo cuando había un hueco que rellenar, que era casi siempre. Y fue también entonces cuando conocí a Julia, a través de Germinal.

Lo que más recuerdo de Julia fue aquel artículo que escribió. Fue una crítica sobre *La pedagogía libertaria*, de Tina Tomassi, que era un libro que nos había llegado poco antes. Varios compañeros lo habían encontrado muy interesante y por eso lo elegimos, para que los demás lo conocieran a través del periódico.

Así que una tarde llegó Germinal con el texto que Julia había escrito, y recuerdo que lo leímos juntos. Ni a él ni a mí nos gustó un comentario que ella hacía sobre el capítulo dedicado a León Tolstói, decía de él que *no se podía adscribir al anarquismo*. Germinal no le hubiera dicho nada, pero yo siempre he sido muy puntilloso, mis problemas me ha traído, todo hay que decirlo. El caso es que revisé el libro allí y no ponía exactamente eso, se lo dije a Germinal y me dijo que más tarde vendría Julia, que si quería que lo hablara con ella.

Vino Julia y se lo comenté. A ver, que los tres sabíamos que tenía razón en ese comentario, en el fondo del comentario, pero la cuestión es que yo había repasado el texto de Tomassi y lo que decía era que *su adscripción siempre había sido una cuestión discutible*, o discutida, de esa última palabra no estoy seguro ahora, pero eso decía, que era discutible o discutida. En el fondo la diferencia era la forma de presentarlo. Cuando se lo comenté a Julia ella sonrió, miró a Germinal y negó con la cabeza. Nos dijo que éramos unos románticos, y era cierto. Yo hablaba desde el cariño que tenía a Tolstói y a su sencillez y ella hablaba desde la razón, desde el análisis objetivo de su obra y del libro de Tomassi.

Pero vamos, que cuando empecé a argumentarle de su rechazo del Estado, de la propaganda por el hecho, etc... ella me interrumpió con suavidad, apoyando su mano en mi antebrazo, y me dijo algo así como: *Mira, Santi, no me vendas más a Tolstói que lo conozco muy bien.* —No me dijo: que lo conozco mejor que tú, aunque era evidente. En eso fue delicada—. *Ya te cambiaré el párrafo si quieres, o cámbialo tú mismo, por mí no hay problema.* —La verdad es que yo no esperaba eso, no creí que ella lo fuera a cambiar así como así, pero en el fondo a Julia le traía sin cuidado nuestro periódico, tan solo había escrito aquel artículo porque se lo pidió Germinal.

Apoyó la cabeza en el ventanal pero el cristal vibraba y le transmitía pequeños golpes desagradables. Con un gesto de contrariedad desistió de aquella postura e irguió su torso. El autobús avanzaba renqueante por la Avenida de Barcelona entre farolas y semáforos. Julia había bebido demasiado aquella noche, o tal vez no demasiado, tal vez no fuera esa la palabra, pero al menos había bebido lo suficiente como para sentirse mareada y con la boca reseca.

La cena de Navidad de la facultad no era una cena *oficial* pues tan solo se juntaban algunos, los que mejor se llevaban, casi podría decirse que era una cena de amigos. Y solía ocurrir lo mismo cada año: las viejas glorias querían aprovechar sus escasas horas de libertad. Poca cena y muchas cervezas. Bromas y risas. Catedráticos pidiendo otra ronda de chupitos y profesores titulares de Literatura Moderna y Contemporánea vomitando en el baño del bar.

Julia apoyó de nuevo la cabeza contra el ventanal aunque tan solo durante un instante, porque volvió a sentir el desagradable traqueteo. Al otro lado del cristal le observaba ya la Avenida de la Albufera. Miró hacia el exterior y pensó que, según Clemencín, una de las ocasiones en la que se manifiesta claramente la diferencia de profundidad entre ambos Quijotes es cuando comparamos las justas que, a modo de burla, se le organizan en ambas novelas. Mientras que Cervantes las organiza en la finca de veraneo de unos duques, a buen seguro de Villahermosa, Avellaneda las organiza en pleno Madrid, donde difícilmente hubieran podido llevarse a cabo sin intervención de la autoridad, el orden público o incluso de simples transeúntes. Es mucho más veraz y trabajado el enfoque de Cervantes, el de Avellaneda es descuidado. Eso decía Clemencín en la edición del Quijote de Montaner y Simón de 1970, en una nota a pie de página, eso decía. Julia miró hacia el exterior, hacia la noche de Madrid. Qué harta estaba ya, qué harta de aragonesismos y de falsos vallisoletanos, qué harta de licencias de impresión, de seudónimos y de tipos de imprentas medievales, qué harta de estructuras sintácticas similares pero no idénticas y de peleas eruditas por lo que copiaba o no copiaba Cervantes a Avellaneda en su Segunda parte. Qué ganas de terminar y de seguir hacia adelante.

Se incorporó, sintiéndose más mareada, y se acercó a la puerta. En su boca notaba aún un sabor dulzón y pegajoso, en el cristal alguien había rayado sus iniciales: *"F. Q.". Francisco de Quevedo, pensó Julia.*

***

Creo que la tarde en que vi a Julia era una tarde de octubre, aunque quizás fuera ya de noviembre. Estaba yo sentado en El Espejo, en el pabellón, a ratos miraba la taza de café y a ratos miraba la calle a través de la cristalera. No recuerdo qué hacía yo allí, solo, aunque imagino que esperar a Noemí. Bueno, el caso es que tomaba café sentado en una mesa y Julia pasó a pocos centímetros de mí, caminando por Recoletos. Nos separaba el cristal: yo en el interior y ella afuera. Y no me vio. Tal vez fue por que andaba encogida en su abrigo, escondiéndose de la fría tarde. Abrigo negro, piel clara y fondo gris. Dudé de si salir a llamarla pero no lo hice. Ya sabes cómo son esas cosas, no esperas tanta casualidad, dudas un segundo y ella se aleja, y ya no sales a buscarla.

Pero sí que la vi, sí, y hacía mucho que no la veía. Y al verla me acordé de aquellos años: me acordé de Pablo, de Sebastián y de Inés, ¿qué fue de ellos?, de la madre de Raquel, que nos preparaba aquellos bocadillos enormes, de los atardeceres de risas en aquel solar de la calle del Puerto, de los regresos a casa en la madrugada del sábado por San Diego. De las noches en el Kentucky y en el Sol y de aquella camarera del Veintitrés que nunca me dio calabazas porque nunca me atreví a decirle nada. Me acordé de los Ramones, de los Rolling y de Triana. Me acordé de las fiestas de Mejorada, de las verbenas de la Almudena, de mis idas y venidas con Yolanda, y de aquella vez que fuimos todos juntos a pasar un fin de semana en la casa que tenía Pablo en Guadarrama,... Vivimos muchas cosas juntos en aquellos años, y en ese instante, tan fugaz, algunas de ellas me volvieron a la memoria. Ahora me acuerdo, fíjate, de una tarde en que estábamos, Julia, Rubén y yo sentados en un descampado, por el parque de Entrevías. Creo que hacía calor, debía de ser en primavera. Bueno, pues habíamos comprado unas litronas y Rubén llevaba unos porros. Estábamos bien allí. Entre el descampado y la tapia de las vías corría una acequia y había un sauce llorón que ondeaba sus ramas con la brisa. Nosotros estábamos sentados al sol sobre unos palets, los pies sobre la tierra prensada y algunos hierbajos a nuestro alrededor. Entonces aparecieron dos chicos por el lado del Manzanares y se acercaron, de lejos se veía que tenían malas pintas pero no nos movimos. Llegaron y uno de ellos me quitó la litrona, sin más, bebió y se la dio al otro, no nos atrevimos a decir nada.

—Venga, dadnos lo que llevéis.

—Eh, no tenemos nada. —Algo así creo que dije, estaba muy asustado, no era la primera vez que me pasaba algo así pero siempre sentía mucho miedo.

Aquel chico sacó una jeringuilla. —A mí no me vengas con chorradas, eh, que te pincho, hijo de puta. Que tengo sida, eh, hijo de puta. —Me la acercó, vi los pinchazos en su brazo, retrocedí algo. No eran dos yonquis de los acabados, ¿sabes? Aún estaban fuertes, sobre todo el otro. Algo mayores que nosotros, tal vez rondaran los dieciocho.

El otro se me encaró:

—Venga, saca lo que lleves, julay. —Tenía muy cerca sus ojos vidriosos. Yo apenas llevaba doscientas o trescientas pesetas, él vio mi cara de miedo y sonreía—. Vaya mierda —dijo mientras miraba las monedas ya en su mano—, seguro que llevas más.

—De verdad que no, vacié los bolsillos, llevaba el bonobús y me lo quitó.

—¿Y tú qué haces?, ¿te crees que tengo todo el día?

Rubén dudó y aquel chico le soltó una bofetada. No sé qué dinero llevaría, sé que también le quitaron los porros. Miré a Julia, el primer chico había guardado la jeringuilla y le decía que se fuera con ellos, que dejara a esos niñatos y se fuera con ellos. Julia estaba blanca y contestaba nerviosa que se tenía que ir a casa. Yo no me atrevía a decir nada, tan solo quería que nos dejaran en paz de una vez, miré a Rubén y creo que se le escapaba alguna lágrima.

—Vaya mierda que fumáis. La próxima vez ya podéis tener algo mejor o os reviento a hostias.

Aún estuvieron unos minutos allí, hasta que se cansaron, o vieron que no iban a sacar más.

—Venga tú, vámonos.

Al pasar a mi lado, el de la jeringuilla amagó con darme un puñetazo, me protegí la cara y él se rio. —Te has cagao, gilipollas.

Fuimos viendo cómo se perdían por el otro lado del descampado, dejó de vérseles pero nosotros seguíamos en silencio.

—Anda, vámonos —dijo Julia al cabo de un par de minutos.

—Si no llegan a llevar la jeringuilla —dijo Rubén, a quien aún le temblaba la voz.

Yo no dije nada. Anduvimos en silencio hasta Candilejas. Rubén comenzó a decir que si los veía por ahí les iba a partir la cara, que ya los pillaría y no sé qué chorradas más, yo creo que las decía para sí mismo, porque sabíamos que si los volvíamos a encontrar ocurriría lo mismo.

—A mí no me han quitado el dinero, llevo seiscientas pesetas. Vamos a tomar unas jarras al Piramis —dijo Julia, a quien le había vuelto el color.

—Yo paso, yo me voy a casa.

—Venga, Joaquín, no te des mal.

—Yo paso. —Estaba jodido y me quería ir a casa.

—Venga, vamos un rato al Piramis que así nos quitamos el susto.

Al final accedí, no sé por qué. Rubén dejó de decir tonterías. Dijo: *Esos en tres o cuatro años están muertos,* y ya no dijo más tonterías ese día. Así que fuimos, andando los tres con las manos en los bolsillos.

Por Martínez de la Riva ya había bastante gente y cuando llegamos al bar estaba a reventar, nos pedimos un par de jarras. Julia hablaba y nos fuimos relajando. En algún momento Rubén se sumió entre el gentío para ir al baño. Se hizo un silencio, volví a pensar en lo que nos había pasado, en alguna otra vez que nos había pasado algo parecido y, sobre todo, en que seguramente nos ocurriría de nuevo. Y volví a sentirme mal, humillado. Julia lo notó, y recuerdo que se acercó más, puso su mano en mi pelo, al lado de la oreja, y me besó. Fue inesperado notar como su lengua se abría paso a través de mis labios y buscaba la mía, se acercó aún más y note su cuerpo, sentí sus pechos contra el mío y noté como si me subiera la sangre. La abracé, estuvimos así, besándonos, unos minutos, hasta que ella se separó, hice ademán de continuar pero ella se apartó algo más y me pasó la jarra que sostenía. Recuerdo que Rubén volvió con medio porro que le había dado alguien que se había encontrado y diciendo que aquel bar parecía un campo de nabos y que teníamos que salir por Malasaña. Fumamos y bebimos. Al poco tiempo fui yo al baño, todavía con el sabor de los labios de Julia en los míos. En la puerta había una pintada que decía: *La vida es una barca, Calderón de la Mierda*, la habría visto decenas de veces, pero aquella noche, al verla, sonreí.

***

—Pero es que los tienes que poner en remojo igual, aunque los vayas a hacer en la olla exprés. Los tienes que dejar en remojo desde la noche anterior. Si no se te quedan duros, o al final se te deshacen. Tienen que coger agua igual, aunque vayan a la olla. Eso lo sabe todo el mundo.

—¿Ves? Ya se lo dije yo, mamá.

Germinal levantó su mirada hacia el retrovisor interior del coche para ver a Julia reflejada en él. —¿Tú me lo dijiste? ¿Pero cuándo has hecho tú garbanzos? Si cuando viniste ya estaban hechos.

—Yo te dije que mi madre los ponía antes siempre en remojo.

—Eso sí, pero cuando ya estaban hechos.

—Bueno, no discutáis, para otra vez ya lo sabes. Les echas bien de agua la noche anterior, que los tape enteros. Echa de sobra que cogen mucha. Y dejas la cazuela tapada toda la noche,

Germinal tomó el desvío hacia Perales.

—Yo creía que en la olla exprés eso no hacía falta. He hecho muchas veces lentejas y salen buenas.

—Bueno, las lentejas aún, pero también es mejor si las pones algo en remojo, aunque sea por la mañana, pero los garbanzos siempre, hombre.

El camino entre el Canal del Manzanares y el río no era de los mejores y Germinal prestó toda su atención a las roderas de tierra y barro por las que avanzaba en primera. Por suerte aquel tramo era corto y enseguida detuvo el *127* a la entrada del huerto. Se bajó y abrió la cerradura: reja negra, tapia blanca.

Sagrario cogía higos de las ramas bajas y los ordenaba en una caja que había dejado sobre un pequeño muro. El sol iluminaba el verde de los higos y el negro y el amarillo de las avispas.

Germinal sonrió a Julia. —Volverás a mi huerto y a mi higuera.

—No son tuyos ni el huerto ni la higuera.

—Que sí, que sí. Cásate conmigo que tengo tierras.

Julia rio al tiempo que ordenaba en la caja los higos que Germinal había dejado. —¿Sabes? Leí que las avispas son las que llevan el polen de las higueras.

—Tú menos hablar y más coger que no has cogido ni uno.

—Joder, mamá, que esto está lleno de avispas. Me van a picar.

—¡Qué te van a picar!, ¡qué te van a picar! Si están comiendo no te van a morder a ti. ¿Tú ves que a Germinal o a mí nos piquen? Pues empieza a coger.

—Vas a vaciar la higuera, eh, Sagrario.

—Bueno, ya que puedo cojo también para las vecinas.

Rodeó el árbol, que era enorme, en busca de ramas llenas. Julia permaneció junto a Germinal, con las manos en los bolsillos.

—Oye, tengo que decirte una cosa, es que no me viene la regla.

—Joder. —Se quedó parado un instante, con un higo en cada mano, después los dejó en la caja al tiempo que torcía el gesto—. Imagino que si me lo dices es porque ya te tocaba hace días.

—¡No los apiléis, que se chafan!

—Sí. A ver, me tenía que haber venido hace un par de días o tres. —Se miraron un segundo en silencio—. Vamos a esperar un poco más. A veces se me retrasa, no soy siempre regular. Tampoco son muchos días.

—¡Te van a picar los brazos de rozar las hojas!, tenías que haberte dejado la manga larga. ¡Cómo se nota que nunca has salido de Madrid!

—Pero si hemos usado condones siempre.

—Pues no me viene.

—Yo creo que así ya está. Se ponen malos enseguida, no merece la pena coger para más de un par de días.

El sol de octubre comenzó a descender hacia Getafe. Julia lo vio, ya anaranjado, tratando de ocultarse entre las ramas deshojadas de los chopos, que siempre se acercan a beber a la orilla del Manzanares. Germinal tomó con delicadeza la mano de Julia y entrelazó los dedos de ambos. Julia le sonrió pero solo sonreían sus labios, su rostro no sonreía, su rostro mostraba preocupación. Sagrario colocó una caja con higos en el maletero. Era una caja ancha, de frutería, estaba hecha con tablillas de madera. En el fondo de la caja había puesto unos periódicos viejos para que los higos no mancharan el coche.

**

Aquí se vende siempre lo mismo: el *Marca*, el *As*, la *Lecturas*, y en los últimos años la *Super Pop* y la *Vale*, poco más. Vivo de eso y de las golosinas, de lo demás nada. Me traen los fascículos coleccionables pero no los sigue casi nadie, la mayoría duran cuatro días. Además muchas veces el tercer o cuarto fascículo es la mitad que el primero y claro, la gente no es tonta. De esta muchos meses no vendo ni una, y de esa otra tampoco. De esta este mes vendí tres y creo que no he vendido tantas en todo el año. Y las vendí porque vino una chica que había escrito uno de los artículos, el de *El crimen de Avellaneda. ¿Quién escribió el falso Quijote?* Pero vamos, tenía una y gracias. Le dije que las otras dos las tenía que encargar y ya hablando me comentó que uno de los artículos era suyo.

La tarde en que vino a recoger las revistas encargadas le acompañaba su novio. Me acuerdo que para entonces yo había leído el artículo, estaba muy bien; hablaba de cuatro posibles autores y de las causas por las que podría ser cada uno, pero en esta revista no encajaba. El que lee esto quiere algo más básico, su artículo era más para una revista culta. Eso no se lo dije. Le dije que me había encantado, y era verdad. Además su enfoque era entretenido porque cada supuesto autor hablaba y defendía su candidatura y criticaba a los otros. Me contó que eso se lo había sugerido el director de la revista. Aún le pregunté que quién creía ella que era el autor y me dijo que no sabía, pero que ella apostaría por,...por... joder, no me acuerdo ahora del nombre, son nombres tan ...normales, ...no sé. Bueno, da igual, de lo que sí que me acuerdo es de que mientras hablábamos yo sostenía mi ejemplar de la revista, lo hojeaba, y le dije:

—Este otro sobre el mapa de Piri Reis no es tan bueno como el tuyo. Ella torció el gesto. —Pues a mí me ha parecido muy interesante.

—¿Sí?, no creas. Hace poco leí un fascículo entero sobre eso, de la colección *Grandes Misterios de la Historia*, y era mucho más objetivo, además de más detallado, claro, aquel eran veinte páginas. —Coloqué la revista en el aparador donde tenía su hueco reservado, a la vista de algún improbable comprador.

Ella me observaba. —No entiendo muy bien lo que quiere decir.

—Pues, a ver, en el fascículo que leí se daba alguna teoría lógica que, si era cierta, terminaba con el misterio. Pero aquí eso no aparece, aquí lo presentan como algo imposible de explicar.

Abrió una de sus revistas y fue pasando páginas hasta que encontró el artículo del que hablábamos. —¿Y qué teoría era?

—¿Qué teoría? Pues si no recuerdo mal decía que lo que en el mapa parece la Antártida no es la Antártida, ni por el calor que dice que hay ni por animales ni por nada, podría ser que a Piri Reis se le acababa la piel en la que dibujaba la costa americana y siguiera por ese lado, y más detalles parecidos. En resumen: que simplemente es un mapa de la costa conocida de América pero no muy bien hecho. Que Piri Reis lo hizo con los mapas que llevaba el marinero de Colón al que capturaron y con lo que le contó, no hubo más. Es una teoría que parece la más lógica, o la única lógica. No tengo aquel fascículo, lo devolví, si no, te lo daba.

—Claro —dijo ella, concentrada entonces en la fotografía del mapa a página completa que encabezaba aquel artículo—. Esa es una teoría bastante global, ¿no? No necesita contrastar cada punto de las teorías anteriores, basta con decir que lo que no te cuadra son errores. —Estuvo así unos segundos, sin prisa, como si leyera en una biblioteca en lugar de estar en pie frente a mi mostrador y con su novio aguardando. Casi la oía pensar. Alzó la mirada—. ¿Y eso quién lo decía? Imagino que algún historiador.

—¿Eh? Pues no recuerdo quién lo decía, pero en el fascículo aparecía, y la bibliografía y todo. Era mucho más extenso. —Me sentí algo interrogado.

—Puede que sea cierto, pero a veces es muy sencillo decir que lo que no cuadra es un error del autor y arreglado. —Se expresaba con amabilidad, claridad y firmeza.

—Bueno, en este caso, entre esa teoría y decir que había mapas previos de la Antártida y de los Andes de viajes anteriores, de civilizaciones perdidas, o de los extraterrestres..., me parece a mí que no hay color.

Se le escapó una breve risa. —Visto así resulta difícil rebatirlo.

Aquella chica me escuchaba con atención e interés, y su novio también. No sé si a él le interesaba el tema o no, porque prácticamente no habló, pero le miré y me sonrió. Ella buscaba, o releía, algo en la revista con tranquilidad.

—O sea, que le parece a usted que este artículo es engañoso.

—A ver, no es que sea engañoso, pero me da la impresión de que está escrito para agrandar el misterio, no para aclararlo. Está escrito para este tipo de revistas.

—Ah, claro, claro, entiendo. —Se quedó pensativa un instante—. ¿Sabe? Lo comentaré con el director a ver qué me dice.

No esperaba esa respuesta. Por un lado, me sentí importante, aunque luego pensé que tampoco quería tener yo problemas con los de la revista por ir de listo. Pero bueno, no he vuelto a saber del tema, ni tampoco he vuelto a ver a aquella chica, aunque con la de gente que pasa por aquí si la veo ahora igual ni la reconozco. Lo que recuerdo de ella es que tenía las manos blancas y finas, tenía unas manos bonitas. Se fueron hacia allí, el sol daba de cara así que veía sus siluetas alejarse.

Tampoco es normal hablar tanto con los clientes, eh. Alguna vez con alguno del barrio de toda la vida, con algún jubilado,...pero lo normal es que te saluden y justo, y eso que llevo aquí cuarenta años y estoy todos los días y todas las horas. Que esa es otra, que de aquí no te puedes ir ni a tomar un café, y siete días a la semana. ¿Para qué quieres tanto si no tienes vida? Cuando vivían mis padres bien, porque aunque el kiosco lo llevaba mi padre a veces le ayudaba mi madre, y después yo. Pero ahora estoy solo. Me tenía que haber metido a trabajar en alguna cadena, de joven. Con cincuenta y cuatro años a dónde vas. Y tampoco hay forma de conocer a nadie. Tuve una novia que se llamaba Geno, estuvimos unos años, pero al final se cansó de esta vida y se fue. Y eso que era dependienta en una tienda, que ganaba cuatro duros y la gente le decía: *chica, que buen partido con negocio propio y ganando bien*, fíjate que para entonces mis padres tenían ya tres pisos por aquí. Pues cuando estábamos preparando la boda me dijo que no, que lo dejábamos. Se cansó del futuro que le esperaba, esto es muy esclavo, no tienes vida.

Mira que han pasado años, pues cuando me acuerdo de aquello aún sigo pensando que cuando Geno se fue yo perdí mucho, y ella poco, o nada.

***

Mi José Manuel, su padre, era albañil. En su familia eran albañiles y se iban pasando el oficio, así que cuando terminó el colegio empezó a ir con su padre y con su abuelo a hacer obras por el pueblo y por otros de por allí. También iba otro hermano, el Elías, creo. Pero luego cada vez había menos trabajo. El abuelo lo dejó y su hermano se buscó otra cosa. Así que iban su padre y él, pero la gente se iba de aquellos pueblos, sobre todo se venían a Madrid, y había poca obra. Así que un día hablando con su padre le dijo que se iba a ir a Madrid, que en el pueblo ya no había faena para los dos y que aquí se construía sin parar. Su padre quería que se quedara pero lo que había allí eran habas contadas. Así que se abrazaron y mi José Manuel se vino para aquí. Un primo suyo trabajaba en la Pegaso, con mi hermano, y le dijo que lo podía meter allí hasta que encontrara de lo suyo. Total que empezó y como entendía un poco de todo lo metieron en mantenimiento y ganaba bien y trabajaba poco, al menos para lo que él estaba acostumbrado. Se hizo amigo de mi hermano y mi hermano un día le dijo: *pues tengo yo una hermana que ha venido del pueblo que te vendría bien*, y nos presentó y nos pusimos de novios. Al principio salíamos con mi hermano y la Encarna, los cuatro. Después mi hermano fue aflojando la cuerda y ya empezamos a ir solos, a las Vistillas, que nos gustaba mucho y que a veces había verbena, o nos íbamos al cine y a pasear por la Plaza Mayor. Después compró coche y ya lo mismo nos íbamos a Mingorrubio que a Aranjuez o a Chinchón. Yo preparaba comida y nos íbamos a pasar el domingo por ahí. Lo pasábamos muy bien.

Mi José Manuel era un hombre bueno, nunca intentó propasarse, me respetó hasta la noche de bodas. Nos quería mucho, cuidaba a los niños. No bebía casi nunca y me trataba muy bien. Una vez me dio un bofetón pero porque le falté al respeto. Y trabajaba mucho. Salía de la fábrica y por las tardes se iba a hacer horas a alguna obra. Eso le gustaba, le gustaba más que lo de la Pegaso, era lo suyo, y además estaba al aire libre. Yo me acuerdo que le decía: *¿y no prefieres dejar lo de la fábrica e ir solo a la obra, que es lo tuyo y que te gusta más?* Y él me decía: *Quita, Sagrario, quita, que en la obra acaban todos con la espalda machacada, que de viejos no pueden ni levantarse del banco, como mi padre y como mi abuelo, allí hay que ir poco.* En fin, ya ves tú, al final tanto cuidarse para nada, el pobre.

—Este sábado canta El Cabrero en el teatro Alcalá, en la Cumbre Flamenca *Casta del Sur*. ¿Vamos?

—¿A ver flamenco?, ¿otra vez? Este fin de semana podría elegir yo, ¿no?

—¿No te apetece? —Germinal doblaba el mantel. Abrió un cajón del aparador y lo guardó.

—No es que no me apetezca. Lo que no me apetece es tener que ir siempre a donde tú digas. Alguna vez podría tocarme elegir a mí. Vamos, digo yo.

—¿Y eso a qué viene?, ¿No fuimos el martes a ver la exposición sobre Juan Ramón Jiménez?

—Sí, un rato, y la semana pasada a Cercedilla, y la anterior también a ver flamenco a no sé dónde porque te apetecía a ti.

—¿Pero no me dijiste que querías ir a Cercedilla?

—Eras tú el que quería ir, no yo.

—Si te lo pasaste en grande

—No te digo eso.

—Pues entonces. —Se encogió de hombros.

—¿Entonces qué? Es muy fácil de entender: parece que siempre voy a remolque, punto. O se va a donde tú quieres o todo son quejas. —El volumen de su voz se había elevado.

—Eso no es verdad, chica, no sé qué te ha dado hoy.

—No me ha dado nada, no me ha dado nada. Es la verdad, que tú, mucho anarquista y todo eso pero parece que las cosas tienen que ser siempre como tú digas.

Germinal esbozó un gesto de extrañeza. —¿Pero qué tontadas estás diciendo?

—Las que oyes, ¿o es que estás sordo?

—¿Pero tú estás bien?, ¿a ti que te ha dado hoy?, ¿qué pasa, estás con la regla o qué?

—Bueno, lo que me faltaba por oír —casi gritó ella—. ¿A ti qué coño te importa si tengo la regla o no tengo la regla?

Julia abandonó el salón, no había puerta con la que dar portazo.

Recorrió el pasillo y entró en la cocina. La casa quedó en silencio pero era un silencio que dolía.

Bastantes minutos más tarde Germinal se acercó a la cocina y se detuvo en el marco de la puerta. —Perdona, que tampoco tenía que haber dicho eso. —Ella ni le contestó, siguió mirando la calle a través del ventanal como si no le hubiera oído. Él aguardó unos segundos en silencio. Se giró para volver al salón—. ¿Sabes? La diferencia es que yo sé pedir perdón.

Julia continuó en la cocina, nerviosa, negó con la cabeza. Comenzó a oír la televisión del salón. Germinal la había encendido aunque seguramente no le prestaba atención. Ella alternaba su mirada entre la pared y el ventanal: *¿qué coño se creía el imbécil de él?, que se vaya a la mierda*. No pudo evitar notar que, entre las baldosas de la cocina, la junta que cubría los huecos se había descascarillado algo, además se veía ennegrecida. Respiró hondo tratando de calmarse. Negó de nuevo con la cabeza, dudó. ¿Qué hacía ahora? No lo sabía. Ni siquiera sabía si le tocaba hacer algo. Notó la angustia ácida que le subía hasta la garganta, miró a su alrededor de nuevo. ¿Irse?, pero cómo iba a irse así, ¿era para tanto o no? Inspiró hondo y exhaló el aire al tiempo que cerraba un instante los ojos, y sin pensarlo más se acercó a la nevera, cogió dos Mahou, las abrió y dejó las chapas y el abridor sobre la mesa.

Le dio una cerveza a Germinal al tiempo que se sentaba a su lado en el sofá. Él cogió el botellín, miró a Julia, que parecía ver la televisión, y apoyó la cabeza en su hombro. Poco después Julia colocó su mano sobre la pierna de Germinal.

—Se está descascarillando la junta de las baldosas, en la cocina.

Germinal alzó algo la cabeza y asintió. —No debieron de hacer bien la mezcla al echarla, pero ahora arreglarlo es un curro serio, y estando de alquiler siempre me da pereza. —Se movió algo, para unir más los cuerpos—. Habría que rascar todo con cuidado, limpiar bien y esperar a que esté seco, porque si no, no agarra. Y entonces echar una lechada nueva por toda la cocina, casi nada... Y después, mientras se va secando, aún hay que ir quitando lo que sobra para que quede igualado.

—Mi padre era albañil.

***

Hacía frío en Burgos a primera hora de la mañana, cuando salí del hotel Corona de Castilla, era abril. Los charcos estaban helados y los jardines blanquecinos por la escarcha, el cielo gris. Llevaba puestos bufanda y guantes y al caminar entre los soportales de la plaza Mayor exhalaba un vaho blanquecino que la ligera brisa desdibujaba al instante. Creo ese dicho de *nueve meses de invierno y tres de infierno* es más adecuado para Burgos que para Madrid.

Viajé allí, emocionado, para admirar la Biblia de Gutenberg. Ya sé que la gente va a Burgos para ver la Catedral, y su Papamoscas, pero yo fui a ver la Biblia. Caminando por la zona vieja pensaba: ¿qué tiene más mérito, la catedral o el primer libro impreso?, ¿qué tiene más valor histórico? Para mí está claro, pero yo no soy imparcial. En fin, que cada uno viaje a Burgos para lo que quiera. En mi caso hice aquel viaje porque uno de mis clientes, y amigo, Don Adolfo Celada era a su vez amigo íntimo de Rodrigo Martínez de Villamiel, a la sazón director de la Biblioteca San Juan, e hilando conversaciones terminé invitado a ver la Biblia, que es el único ejemplar completo que hay en España, porque el de Sevilla contiene tan solo el segundo volumen, el Nuevo Testamento.

Así que sobre las nueve de la mañana entré en el acogedor café España, donde había quedado con Miguel, colgué mi gabardina y charlamos unos minutos al tiempo que el café me devolvía el calor al cuerpo. Aproveché para entregarle el breviario de principios del XIX que le había llevado como regalo. Después nos fuimos a la biblioteca, donde Martínez de Villamiel nos aguardaba.

El ritual fue una maravilla, yo había llevado una lupa y mi cámara fotográfica para apreciar mejor el momento e inmortalizarlo. Tan solo Don Rodrigo manipuló la Biblia, y lo hizo con suma delicadeza. Yo no me hubiera atrevido a tocarla. Al mismo tiempo que nos la mostraba nos hablaba de ella con voz calmada: *cuarenta y dos líneas, escasos adornos, historia entre la historia. Luis de Maluenda, racionero de la Catedral de Burgos, de origen zaragozano y judío, la donó al Monasterio de San Juan de Ortega, con el que tenían una gran relación familiar, en el año 1484. Está impresa a dos columnas con doscientos noventa caracteres diferentes, papel de hilo y color parecido al pergamino. Con tres marcas de agua diferentes, un bucráneo, un racimo y un becerro. Gutenberg al imprimirlas dejó espacio libre para las mayúsculas de principio de palabra y la iniciales, así cada cliente se hizo decorar esos detalles de acuerdo con su gusto y bolsillo. Lo mismo ocurrió con la encuadernación. La de Burgos tiene detalles en verde, azul, amarillo y ocre.*

Regresé a Madrid en el autobús de las doce y fui directamente a mi tienda. Sonó la campanilla sobre la puerta y pisé el desgastado suelo de madera que tanto maravillaba a mis clientes. Toda una vida entre estas estanterías y sigo pensando que no hay un lugar más bello en este mundo. Saludé a mi hermana y le hablé algo del viaje, bromeó sobre la ilusión de niño que vio en mis ojos. Después me dirigí a la trastienda para guardar el abrigo, al pasar junto a la estantería de literatura rusa allí estaba Julia

Julia tenía una beca de la Universidad con la que compraba material para su tesis doctoral y en mi tienda ese dinero le alcanzaba para más libros, ya que casi todo lo que vendo es de segunda mano. Así que comenzó a venir, a buscar, a preguntar, a comentar sus impresiones, y era una maravilla. Sabía muchísimo de literatura, y lo que no sabía lo quería saber. Yo le hablaba de las imprentas antiguas, de los tipógrafos, del mercado del libro antiguo en España,... Muchas veces se tomaba un café conmigo, o con María Jesús. Nos cogimos mucho cariño, todavía me acuerdo de aquella tarde en que estuvimos discutiendo largamente sobre el talento, para mí inexistente, de Kavafis. Ambos habíamos leído mucho, aunque en mi caso tenía menos mérito pues le llevaba casi treinta años de ventaja en aquello de leer.

Recuerdo una anécdota de Julia que ocurrió a raíz de una de las pocas rarezas que teníamos en la tienda, una edición muy antigua de *La Celestina, Libro a mi entender divino si encubriera más lo humano* que decía el maestro Don Miguel de Cervantes. Aquella era la edición en inglés de James Mabbe, de 1631. Bueno, pues Julia estaba enamorada de aquella *Tragicomedia de Calixto y Melibea* y siempre que venía la admiraba unos instantes a través de la vitrina. En un par de ocasiones la saqué y la contemplamos juntos, con sumo cuidado, porque además no estaba en buen estado, de hecho creo que antes de conocer a Julia nunca la había abierto. Yo le explicaba que aquella edición era la primera traducción que se hizo al inglés, que la tradujo James Mabbe, quien trabajaba en el siglo XVII en la embajada de Inglaterra en Madrid y al volver a su país hizo las primeras traducciones al inglés de varias obras del Siglo de Oro, y ella me escuchaba con atención aunque creo que ya conocía la historia.

Le interesaba tanto aquel libro que incluso una tarde le hablé de la posibilidad de vendérselo, le ofrecí un buen descuento, y que me lo fuera pagando como pudiera, pero ella se rio. Me dijo que no podría pagarlo, ni de lejos, y que si la tuviera en casa no dormiría pensando en que le pudiera ocurrir algo a la descarada Celestina. También dijo que en mi tienda estaba muy bien. La verdad es que me hubiera gustado que fuera ella quien la comprara pero no fue así y una tarde apareció por la tienda Abel Basterra, cliente habitual mío, con un amigo suyo sevillano, no me acuerdo del nombre, que coleccionaba ediciones antiguas de la Celestina, charlamos apenas unos minutos, le hice una pequeña rebaja en el precio, por cortesía, y mi Celestina pasó a ser su Celestina.

Pocos días después, regresó Julia a la tienda, creo que buscaba algo de Apollinaire y se quedó parada mirando el hueco que el libro había dejado en la vitrina. Vi su mirada y le comenté que la había vendido, y recuerdo perfectamente que ella puso la misma cara que si le hubiera insultado, apenas duró un instante, pero fue evidente, y me sorprendió mucho. Me miró como si yo hubiera hecho algo incorrecto, después guardó silencio, se serenó, y me dijo que seguro que había hecho una buena venta y que se alegraba por mí. En fin, a mí tampoco me hizo mucha gracia venderla pero la verdad es que gané en unos minutos lo que suelo ganar en un par de meses. No es para quejarse y más aún cuando el libro no lo había comprado yo, que estaba allí desde los tiempos de mi padre, lo mismo llevaba en la librería cincuenta años. Pero lo cierto es que en estos casos se te queda en la boca un sabor agridulce, como que has vendido parte de ti. Mi hermana era más desprendida para ese tipo de asuntos, no creaba esos lazos sentimentales con los libros o al menos no tan intensos como los míos. Mi hermana María Jesús, toda una vida juntos entre aquellas estanterías, desde niños. Pocos recodos de mi alma había que ella no conociera, uno de ellos fue Julia. María Jesús la escuchaba, charlaba con ella, veía el respeto con el que ella nos trataba a los libros y a mí y me decía: *te hubiera gustado tener una hija así, eh.* Y yo no le decía en qué pensaba para que no creyera que soy un viejo verde.

Recuerdo a Julia saliendo de la tienda, la campanilla sobre la puerta sonaba y sus pasos regresaban a las calles de Madrid. En ocasiones al cruzar frente al escaparate, ya en la calle, se detenía un instante a mirar los libros, me veía al otro lado del cristal y se despedía de nuevo con la mano y con una sonrisa en los labios.

***

Había, en aquella acacia, algarabía de gorriones.

La bandada se había alimentado durante el ocaso en el parque del Retiro y buscaba ya un lugar tranquilo donde descansar. Así habían llegado hasta aquel árbol y entre sus ramas revoloteaban nerviosos disputándose cada reposo entre chillidos agudos y vuelos cortos. Los más afortunados encontraron pronto una rama discreta que no se les disputara y se dispusieron a dormitar en ella. Las últimas hebras de luz desaparecían entre los edificios cercanos. Flotaba en el aire el calor asfixiante de julio, se encendieron las farolas.

Sentada en el banco, junto a la acacia, aguardaba Julia a Germinal, quien se acercó saliendo del local del sindicato. Llegó hasta ella sonriente, sudoroso, con manchas de pintura y dos latas de San Miguel en una mano. La besó con cuidado, evitando que sus cuerpos se rozaran para no mancharla y se apoyó en el tronco del árbol, allí abrió su cerveza, dio un trago largo y suspiró. Estaban muy cerca uno del otro, Julia estiró la mano y entrelazó sus dedos con los de él.

—¿Os falta mucho?

—Nada, el despacho del fondo. Pero yo me ducho ya y me voy contigo.

—¿No tienes que terminar?

Él señaló con su lata de cerveza hacia la puerta. —Ahora sobra gente ahí, se apañan. Me ducho, me despido y nos vamos.

Julia asintió. —Cenamos en tu casa, ¿no? ¿Tienes cena?

—Claro, todo controlado.

—Oye, mañana es el concierto de Leño que te dije, el de despedida. No hemos vuelto a hablar de eso. En el Parque del Oeste. ¿Te apetece que vayamos? Es gratis.

—Ah, vale. —Germinal bebió—. Lo que tú quieras.

—Pero, ¿te apetece? —Al tiempo que hablaba, Julia jugaba con los dedos de Germinal.

—Sí, sí. Si a ti te apetece, vamos.

—No pareces muy ilusionado. Cuando los vimos en la Carolina estuvo bien. Además, les podríamos decir a Miguel y Lara, ¿no?

Germinal negó con la cabeza. —Creo que se iban a la sierra, me suena que dijeron algo, pero les preguntamos. Y si no vienen, nos vamos tú y yo, claro. —Le guiñó un ojo.

—Se te ve cansado.

Germinal asintió con la cabeza. —Algo. Toda la mañana soldando, con el electrodo y este calor, y ahora pintando. Imagina.

—Claro. ¿Cómo va la obra?

—Bueno, las tuberías este mes las tenemos terminadas, luego ya les toca a otros. Querían que fuera este fin de semana. —Rascó con la uña una mota de pintura seca de su brazo, alrededor de esa tenía decenas similares. Miró a Julia—. En casa necesitaré que me repases todo el cuerpo, a ver si me he dejado pintura sin limpiar.

Ella bebió un sorbo de cerveza. —Suena bien.

—¿Y tú qué tal?, ¿cómo han ido hoy las correcciones de las correcciones?

Julia sonrió. —Se multiplican, pero va bien. Ahora acaban de publicar un libro que puede ser importante, un tal Daniel Eisenberg, y tengo que leérmelo e integrarlo, pero ya es el último, si publican algo más para la siguiente chalada.

—Ja, ja... Llevas un año diciendo que ya está terminada. Te vas a pegar hasta los cuarenta repasándola. —Sostuvo su mano con fuerza porque sabía que ella intentaría retirarla.

—A veces se me olvida lo imbécil que eres. Gracias por tus ánimos. Germinal besó de nuevo su mano. Julia negó con la cabeza.

—No, si por mí cuanto antes termines mejor. Así te haces profesora en la Universidad y me quitas de trabajar.

Ella sonrió. —Pues si pudiera tampoco me importaría. —Bebió un trago largo de la lata que quedó mediada—. Aunque no sé si sirves tú para quedarte ocupándote de la casa y yo trabajando.

—¿Yo? Yo encantado. Tú a dar clases y yo me quedo en casa y me encargo de los niños.

Julia dudó un instante, pareció que iba a decir algo pero en lugar de eso bebió de nuevo en silencio. Un par de gorriones curiosos bajaron del árbol al banco, esperando tal vez que les arrojaran algo de comida, miraron a uno y otro lado fugazmente y regresaron al interior de la acacia. En España viven cinco tipos de gorriones: el gorrión alpino, el gorrión chillón, el gorrión común, el gorrión molinero y el gorrión moruno. Ninguno de ellos duda de si quiere o no quiere tener hijos.

En la acacia poco a poco se calmaba la diminuta algarada. En un nudo de ramas del árbol se apoyaba un viejo nido vacío que ningún gorrión ocupó, *en los nidos de antaño no hay pájaros hogaño,* decía Quijote, ya Quijano, puesto un pie en el estribo.

***

Las canciones de amor no hablaban de nosotros.

—En las cartas que Emilia Pardo Bazán escribía a Galdós le llamaba *Miquiño mío.*

—Sí, leí algunas. —Belén arrugó un folio escrito, hizo con él una bola y lo tiró a la papelera del despacho. Falló y el papel rodó un par de metros más allá. Allí quedó. Cogió el siguiente sobre—. Tampoco tenían mucho mérito, ¿no? Es más su valor histórico.

Julia asintió. —Imagino que las de él serían parecidas. No les daríamos premio.

Belén y Julia leían las cartas presentadas al III Certamen de Cartas de amor y desamor de la Universidad Complutense. Estaban encargadas de seleccionar unas diez entre las que repartir más tarde los premios, aunque Aranzadi, presidente del jurado, les había dicho que si se ocupaban de asignar directamente cada premio le hacían un favor.

—Mira —Julia leyó un fragmento de la carta que sostenía—, ... *quiero volver a pasear de la mano por la pradera de San Isidro, quiero volver a ver atardecer en la Casa de Campo, quiero volver a sentir la ilusión de nuestras primeras citas, pero no contigo.* —Comenzó a reír. —Esta es genial.

—Es muy buena. —Belén sonreía. —Esa guárdala que algún premio hay que darle.

Julia la dejó sobre la mesa, junto a dos o tres que ya habían seleccionado, y abrió el siguiente sobre.

—Bueno, ¿y qué pasa con Diego?

—¿Con Diego? Pues de momento nada.

—Pero, ¿no vas a quedar con él?

Belén negó con la cabeza. —No sé chica, si es que no me gusta mucho, es feíllo, ya lo sabes, y algo muermo.

—Bueno, chica, es simpático, y buenazas, y a mí no me parece feo, me parece normal. Y tendrás que empezar a quedar con alguien, ¿no? Que te vas a oxidar. —Cogió otra carta—. Además, así le das menos vueltas a la cabeza.

—Pues no sé qué decirte Julia, no veo nada claro lo de Diego y no sé si tengo ganas de quedar con nadie ahora.

—Bueno, tampoco pierdes nada por salir con él un día. ¿Cuántas veces te lo ha pedido? No le prometas matrimonio en la primera cita y arreglado.

—Ja,ja. No sé, me da mucho apuro, yo no soy tan decidida como tú. —Belén rasgó un sobre—. Me dijiste que antes de Germinal tuviste algún otro novio, ¿no?

Julia sonrió. —Antes de Germinal no había nada.

—Eso se lo has copiado a Lennon.

—Me lo copió él a mí. Mira, esta también tiene algo: *No sé qué fue lo que ocurrió. Imagino que un día me di cuenta de que aquel vestido que con dieciocho años me parecía el más bonito del mundo ya no me gustaba tanto, y que además ya no era de mi talla, o que aquella canción que me hacía vibrar en el instituto no me llegaba ya, ni parecía que hablara de mí. Nuestras películas, nuestros bares, eran los mismos pero yo había cambiado y no me llenaban, lo mismo me ocurrió contigo.*

—Joder, ¿pero es que tú solo encuentras de desamor?

—Ja, ja... Es que las empalagosas las tiro.

—¡Qué tía! —Negó con la cabeza y continuó con su lectura para detenerse en apenas unos segundos—. Oye, Julia, ¿y tú no has pensado nunca en escribir alguna novela?, ¿o poesía? Con lo bien que escribes.

—¿Yo?, No. La verdad es que no creo que se me diera bien. Además primero tengo que lograr un sueldo de la literatura y después ya iré a por el Nobel, que lo veo más sencillo. —Sonrió de nuevo y retomó su lectura—. A ver esta: *No me quiere como tú me quisiste, no le quiero como te quise a ti, pero sonríe al verme llegar, y hacía muchos años que nadie me sonreía así.* ¡Buf, que agonías!, casi prefiero las ñoñas. —Se incorporó para estirar un poco las piernas. De entre las seleccionadas cogió la penúltima que había dejado—. Oye, esta que te he leído, la de quiero volver, ¿qué te apuestas a que la ha escrito una mujer?

—No me apuesto nada, porque estoy segura de que tienes razón.

—Venga, ¿nos jugamos una cerveza?

—Pero si estoy segura de que la ha escrito una mujer. Bueno, venga, así con la excusa nos tomamos algo luego. Pero se supone que no se puede abrir aún los sobres con los nombres.

Julia buscó entre las plicas que contenían los datos. Encontró la que buscaba. —¿Ves?, Almudena.

—Almudena, y escribiendo sobre lugares de Madrid. Hay que darle premio sí o sí.

A partir de 1890 Emilia Pardo Bazán y Benito Pérez Galdós comenzaron a distanciarse. Tal vez se debió a que el escritor dejó embarazada a Lorenza Cobián, o quizá el orden de los acontecimientos fue el inverso y en primer lugar se distanciaron y después llegó el embarazo de Lorenza. No lo sé. En todo caso a partir de ese año él comenzó a pasar más tiempo en Santander y Doña Emilia en el Pazo de Meirás aunque a ella le gustaba llamarlo las Torres de Meirás.

***

Fuimos a ver *Las tres reinas magas* en el teatro Lavapiés. Cuando la función ya había comenzado entró en la sala Gloria Fuertes, caminó tranquila por el pasillo y se sentó a mi lado, nos miramos y me sonrió. Apenas estuvo allí unos minutos, después se incorporó, se disculpó en voz baja por el ruido que hizo su butaca al plegarse y se perdió entre bambalinas. Eso es lo que recuerdo de aquella función, eso y que Julia estaba nerviosa porque presentaba la tesis la semana siguiente. Llevaba un mes preparando la presentación sin salir apenas de casa y del despacho, durmiendo poco. Aquella tarde me llamó al sindicato porque necesitaba que le diera un poco el aire y pasó a buscarme. Tenía ojeras, *estás preciosa*. En el teatro Julia miraba hacia el escenario aunque yo sabía que su mente no estaba allí sino en el trabajo pendiente. Cuando terminó la obra entramos en una heladería que había en la plaza, compramos helados y nos sentamos en un banco. Era noviembre y no hacía calor. Llevábamos diez o doce días sin vernos.

—A mi madre, a la mínima le estoy chillando. Estoy insoportable.

—Piensa que ya te queda poco.

—Más me vale, si no, me pone en la calle.

—Ja, ja... Si es por eso te vienes a mi casa. —Julia olvidaba el helado y una gota se deslizó sobre el barquillo hasta alcanzar su mano.

—Ir a tu casa y discutir contigo es lo que me faltaba. No quiero más helado. ¿Lo quieres tú? —Negué. Se levantó nerviosa y lo tiró a una papelera—. No sé para qué me lo he pedido. Se sentó de nuevo a mi lado.

—Seguro que la llevas muy bien.

—A ver, la llevo bien, pero los nervios no hay quien me los quite. No duermo por las noches, tengo ansiedad.

—Si te dejan presentarla es que está para aprobar.

—Sí, eso sí, si no, me lo hubieran dicho. Pero la nota es importante y depende de las preguntas, que muchas serán amables pero alguna complicada tienen que hacerme, sobre todo Sánchez Ramón, que no es de la facultad, eso funciona así. Además es una eminencia, a ese no lo voy a impresionar, desde luego.

—Tranquila, sabrás responder a todo, o al menos por dónde salir. Seguro que no hay nada sobre Avellaneda que no sepas.

Julia miró hacia el suelo un instante, en silencio. —Siento no poder estar contigo estas semanas, te compensaré después.

—¿Sí?, ¿te dejarás meter mano?

Se rio, seguramente no habría reído en toda la semana. Apoyó su cabeza en mi hombro y cerró los ojos. —Creo que voy a dormir un rato aquí.

Pelo corto, sonrisa cansada. Piel blanca, ojos negros. Cervantes, Avellaneda y Lope. Su madre, su tesis y yo. Tolstói y García Márquez. Su cuerpo esbelto, su piel contra mi piel, su entrega generosa. Deep Purple, The Clash y aquel lunar en la espalda, cerca del cuello, que tantas veces besé. Zapatos desgastados, carácter fuerte. Bolsillos vacíos, corazón lleno. *Tengo que volver a casa, lo siento, me queda aún mucho por hacer.*

Los vi alejarse por Méndez Álvaro cuando ya había anochecido. La pared sucia de la estación de Atocha les resguardaba del viento de otoño. Caminaban despacio, Germinal con la cazadora vaquera desabrochada y el pelo algo alborotado, Julia sujetándose con una mano la chaqueta abotonada de lana. Él hablaba y ella trataba de prestarle su atención mientras los faros amarillentos de algún coche les iluminaban fugazmente al pasar a su lado. La luz blanquecina de las altas farolas apenas les llegaba y al alejarse, sus cuerpos se desdibujaban. Antes de perderse en la penumbra Germinal pasó su brazo sobre el hombro de Julia y en la distancia parecieron uno.

***

Germinal la acercó en coche. A Julia no le gustaba que lo hiciera, prefería ir sola, sentía vergüenza de que notara su nerviosismo y por eso prefería coger el metro hasta Aluche o el autobús, pero él se ofrecía a llevarla siempre que podía y no quiso negarse de nuevo. En el coche ella fumaba y él hablaba, y en cada semáforo le apoyaba la mano en la pierna, y le sonreía. Entrando en la Avenida de los Poblados Julia encendió la radio para que se hablara menos. Miró por la ventanilla, ya no quedaban poblados por allí, tan solo Madrid creciendo, desperezándose. Cuando llegaron ella le besó y mantuvo sus labios unidos a los de Germinal durante unos segundos, después bajó del coche y hacía frío.

Rudyard Kipling escribió *Kim*, aquel maravilloso paseo, de la mano de un niño, por la India más fascinante, polvorienta y colonial. Antes había escrito *El libro de la selva* y *El hombre que pudo reinar*. Julia recordó la película sobre *El hombre que pudo reinar*, la dirigió John Huston. Kipling era un escritor de gran sensibilidad. Después pensó en Thomas Mann, que le resultaba simpático, seguramente por lo mucho que padeció en vida, tal vez por su destierro, pero sus *Buddenbrook* era una obra indigesta, muy indigesta.

—A poco bien que se me den las cosas para verano ya estoy fuera. Lo de la pareja aquella se ha archivado, no pueden jurar que fuera yo, no me extraña, se veía poco, y para cuando me pillaron ya iba por Mesón de Paredes y aquello está lleno de yonquis. Podían haber pillado a cualquiera, que es lo que dijo mi abogado: la policía podía haber cogido a cualquiera, no tenían nada. Ahora me ha llegado una citación, por tráfico, porque me pararon con medio gramo y me quieren meter tráfico, pero eso con decir que es consumo propio arreglado, digo yo.

Que yo por tráfico no tengo nada. Son unos cabrones, no te dejan ni respirar. Que les den por el culo...

Julia asentía con gesto indiferente al tiempo que pensaba en Hemingway. A Hemingway Julia siempre lo imaginaba borracho en el entierro de Baroja, era injusto porque sabía que no estaba borracho, no aquel día, pero en su imaginación siempre aparecía bebido. Y junto a él imaginó a Cela llevando el ataúd en el Cementerio Civil de Madrid a pesar del descrédito que ello suponía, y eso redimía un poco a Cela, un poco. Hemingway escribió mucho y muy bien, no sabía cómo lograba emocionarle siempre *El viejo y el mar*, ¿qué tiene ese viejo? Recordó que a Jean Paul Sartre le llamaron de Suecia, pero no le venía bien.

—...y he conocido a una de la galería de mujeres, es pescatera, creo, aunque ahora está algo jodida, a ver si podemos tener pronto un bis a bis que yo no vivo de cartas. Lo mismo salgo de aquí con novia, hermanita. Y con la gente que he conocido, que también hay gente importante, no te creas, que montaré algún negocio al salir, que tu hermano vale mucho. Algo de dinero tendréis para montarlo, ¿no?, no te habrás fundido los ahorros de la vieja, que tú con eso de vivir de ella no pones ni una, eh, que menuda jeta que tienes, tía. Con los años que tienes ya. Ya te vale. —Hablaba con la mirada perdida, desenfocada.

Julia había apoyado su hombro en la pared, a cierta distancia del cristal, le llegaba el griterío de los locutorios cercanos, sin acercarse de nuevo no hubiera podido entender lo que decía su hermano, si hubiera deseado hacerlo. Asintió de nuevo al tiempo que pensaba en Herman Hesse, que escribió *El lobo estepario*, y en que lo encontraba complejo de leer y apasionante. Y en Gabriel García Márquez, que escribió sobre el día en que el padre de Aureliano Buendía llevó a Aureliano Buendía a conocer el hielo, y pensó que es una novela que ningún escritor debería leer porque les hace sentir mediocres. Y si una no se siente mediocre al leerla es que es imbécil, y el caso es más grave.

—...que yo llevo muchos años buscándome la vida y ya es hora de que me echéis una mano, que estás sangrando a nuestra madre y yo aquí ni para comida tengo, ni para comida. Que no sé cómo no se os cae la cara de vergüenza. Pero que la culpa es suya, por consentirte... —Señalaba con dedo acusador y brazo esquelético, plagado de pinchazos y cortes cicatrizados de un intento de suicidio añejo, que quizás buscaba tan solo un traslado a la enfermería.

Julia, una vez más, asintió mecánicamente. Sinclair Lewis, vivió, bebió y escribió *Cárceles de mujeres*. No terminaba de comprender esa novela, tantas páginas sobre justicia para al final no aplicársela, no sé, pensó, tal vez debería leer *Babbitt*. Recordó a Winston Churchill, que no escribió nada, pero le dieron el premio porque había ganado una guerra, y lo quería.

Dos locutorios más allá alguien golpeaba el cristal y chillaba. A pesar del griterío que saturaba el lugar, se escuchaban las amenazas e insultos de quien había venido a comunicar. Dos funcionarios aparecieron al instante y echaron al que no estaba preso. Cuando salía se detuvo un segundo, buscando con la mirada a su adversario, uno de los funcionarios le empujó sin miramientos y caminó de nuevo.

—...que te dije que te pasaras por el descampado de Entrevías a ver si veías al...

En ese momento Julia recordaba *La mansión*, de Willian Faulkner, y que William Faulkner escribía en su trabajo, y el día que se encontraba inspirado, tiraba al cubo de la basura la correspondencia que debía repartir y dedicaba su tiempo a escribir. Pensó que de *La mansión* le interesan sus historias insinuadas y sus diferentes narradores más que la trama, la trama le resultaba indiferente. Y después pensó en Pearl S. Buck, que escribió *Hombres de Dios*, sobre predicadores, recordando lo que ella había vivido en su infancia en China. Una novela de justicia, pobreza y moralidad que le había hecho reflexionar.

—...y pedí que me dieran un destino en cocina, pero ni puto caso, se lo dieron al que está conmigo en la celda, porque va largando a los funcionarios de todo el mundo, que es una chivata y lo sabe toda la galería. Me tiene ya hasta la polla y al final algún día me lo voy a llevar por delante...

—Claro, claro. —Concedía su hermana, mientras caminaba junto a John Steinbeck hacia California, para vendimiar *Las uvas de la ira*, y después paseó tranquila por Moguer junto a Juan Ramón Jiménez, que hizo magia con palabras sencillas y desde entonces todos los burros se llaman Platero, y...

Suena una sirena cercana, *adiós hermano, adiós* y las visitas comienzan a salir.

—¿Y qué van a hacer los pobres?, si ya no pueden dejarlo. Tú no te metas, hija mía, no te metas en la droga que a mí ya se me murió un hijo y a este ya ves dónde lo tengo.

—Sí, señora.

—Si es que no han conocido otra cosa los pobres y se creían que era el invento del siglo, ya ves tú. ¿Y quién es?, ¿tu marido?

—Tengo prisa, señora, tengo prisa.

—Dios te bendiga, hija.

—Gracias, señora. Dios la bendiga a usted también.

Y Julia anduvo calle arriba, porque la pobre señora andaba calle abajo, y decidió coger el metro en Eugenia de Montijo. Paseó hasta allí y se detuvo unos instantes antes de descender las escaleras. Fumaba poco pero buscó el tabaco en el bolso y encendió un Fortuna. Aspiró el humo denso y dulzón, se sentó en el pequeño muro de la boca del metro con la espalda apoyada en la barandilla. Miraba las farolas, alguna no funcionaba. Contó. Desde donde ella se hallaba eran tres las farolas que no iluminaban, o tal vez fueran dos porque la tercera quedaba cubierta por la copa de un árbol y no podía asegurar que no iluminara, aunque a ella le pareció que no lo hacía. Fumó tranquila, después se incorporó, arrojó al suelo con dejadez medio cigarrillo que quedó allí humeando en la tarde, casi noche, y desapareció escaleras abajo hacia otro Madrid, hacia otros madrides.

***

Corría por Sevilla el mes de mayo del año 1539. Nicolás de Córdoba, que trabajaba en el taller de Juan Cromberger, dejó sobre la mesa de madera el punzón y sus anteojos y se acercó al fogón para encenderlo. Prendió las astillas colocadas bajo el carbón y el fuego nació y se avivó con rapidez. Nicolás regresó a su meticuloso trabajo de contrapunzonado del hueco de la letra "g". La pieza estaba prácticamente terminada, apenas restaba lijar un poco el borde y repasar la serifa de la parte superior, tenía tiempo de sobra hasta que el carbón alcanzara suficiente temperatura y pudiera comenzar con la labor de templado. Nicolás trabajaba los punzones con la paciencia y meticulosidad que le habían enseñado sus maestros, joyeros, y era sin duda uno de los grabadores mejor considerados de todo el reino. Quería esmerarse especialmente con aquel juego porque iba a ser el primero que viajaría al Nuevo Mundo. Bebió un sorbo de agua, secó el sudor de sus manos con un trapo, se colocó sus anteojos y retomó su labor. En aquellos años todavía el sol giraba alrededor de la tierra.

—Oye, Julia, que al final tu artículo puede entrar para la edición de este mes. Lo que hablamos, dos mil quinientas, tres mil palabras, por ahí. Nosotros nos encargamos de las imágenes, buscamos en nuestro banco de fotografías. Lo he comentado aquí y nos parece muy interesante el tema de la llegada de la imprenta a América, lo que me estuviste contando de Juan Pablos, Juan de Zumárraga, Juan Cromberger..., todo juanes, eh. Bueno, pues aquí les ha encantado. Yo algo había oído de la historia, lo de que la primera imprenta llegó a México, pero poco más y creo que además es un tema que llama la atención, que despierta la curiosidad de la gente. Así que eso, saldrías ya en la de este mes, bueno, la que sale el mes que viene, ya sabes. Sales con gente importante: Lorenzo Padilla, que escribe sobre narrativa escandinava, Alfonso Mesones con una semblanza de la poeta Alfonsina Storni, en fin de lo mejor. Que por cierto, ahora que digo lo de Storni, ya sabes que nuestra revista se vende allí, ¿no?, en Argentina, México y Chile, de momento, ahora estamos mirando para llevarla a Nicaragua, que hay interés. Vamos que no es solo la primera revista nacional, es que llegamos ya a través de nuestros distribuidores a los principales países de Latinoamérica, por eso también vamos incluyendo más temas de escritores de allí, aunque en realidad Storni nació en Suiza, ¿eso lo sabías?, yo no, me lo dijo Alfonso el otro día. Era argentina pero nació en Suiza. Pero bueno, el caso es que vas a llegar a esos países y ya ves que rodeada de eminencias. Está el tema del dinero que te comenté, me duele hablar de ello pero es que no queda otra, muchos meses no cubrimos gastos, está muy complicado desde que nos retiraron los anuncios públicos, ¿para qué te voy a engañar?, la revista está bastante mal. Bueno, pues eso, sería lo que te dije, veinte mil pesetas, ya sé que es bastante dinero pero no puedo hacer más, ya lo siento. Piensa que esto te sirve como méritos para el doctorado, y vamos, que te pone ahí, un poco en primera plana, que a la revista están suscritas unas treinta universidades y lo impreso queda para siempre. Ah, por cierto, pondríamos algún titular pequeño en la portada con el título del artículo y tu nombre. Lo que hacemos es que cuando vengas a traerme el texto definitivo del artículo me traes el dinero y arreglado, ¿vale? Recuerda que me tienes que decir algo antes del jueves porque cerramos la entrada de artículos y, si no, tengo que meter algún otro, pero vamos, que a mí me gustaría que fuese el tuyo, por el nivel que tienes y por lo interesante del tema, que además nos encaja muy bien con lo que te comentaba de llegar al público de Latinoamérica. Bueno, pues eso, me dices algo antes del jueves, pero yo te guardo el hueco. Un abrazo.

—*Cabrón.*

***

En Madrid corría el año 1977 y se estrenaba Viridiana tras dieciséis años de prohibición. En Cannes corría el año 1961 y se le concedía la Palma de oro. Buñuel estaba enfermo en París y, por ello, José Muñoz Fontán, vizconde de San Javier, director General de cinematografía y representante oficial del franquismo salió de entre el público con gran satisfacción para recoger la Palma. *Fíjate bien cómo recoge el premio, porque no va a recoger otro en su vida.* No había visto la película antes del festival, Buñuel se había ocupado de que nadie la viera.

Al día siguiente el diario del Vaticano tachaba la película de blasfema y en España se prohibía su emisión. Tan pronto como Muñoz Fontán llegó a Madrid fue cesado. Viridiana, según uno de los censores del régimen, debía de ser prohibida por: *blasfema y antirreligiosa, y por mostrar crueldad y desdén con los pobres. También por morbosidad, brutalidad y por ser una película venenosa y corrosiva en su habilidad cinematográfica de coordinación de imágenes, sugerencias y fondo musical.*

Viridiana fue la primera película que Julia y su madre vieron juntas, fue en el Cine Ideal. A partir de aquella tarde comenzaron a ir al cine una vez al mes. A Julia le gustaba que compartieran unas horas tranquilas lejos del barrio y de sus rutinas de cada día. Solían ir al *Capitol*, en Gran Vía, o al *Callao*, que era el preferido de las dos por su fachada monumental, su torreón y su delicado interior art decó, o *elegante*, como decía la madre. Elegían siempre el miércoles por la tarde para ir, cuando la entrada era más barata.

En aquellas tardes de cine, madre e hija tenían un pequeño ritual que realizaban antes de salir de casa: primero Sagrario protestaba, se hacía de rogar y decía cosas como que el cine era para los jóvenes y que mejor que Julia fuera con sus amigos. Entonces Julia insistía y respondía que quería ir con ella y con nadie más. La madre negaba con la cabeza y finalmente, a las cinco de la tarde, se abrochaba el viejo abrigo de lana, descolgaba del perchero aquel bolso de cuero que su hija le había regalado unas navidades y cerraban la puerta tras de sí. Julia a su madre solo le había conocido dos abrigos.

Ya en la Avenida de San Diego Sagrario comenzaba a hablar de sus cosas: de lo caro que estaba todo, de las vecinas, de lo mucho que le dolían los riñones, y Julia le escuchaba. Recorrían la calle de Puerto Alto hacia Nueva Numancia donde subían al metro que las dejaba en Tirso de Molina, o en Callao, y desde allí, paseando, se acercaban al cine que hubieran elegido.

Un par de tardes en que no había nada en la cartelera que les pudiera entretener cambiaron el cine por la chocolatería de San Ginés. Entonces bajaban del metro en Sol y caminaban por la Calle Mayor, por el Madrid más turista y bullicioso, y Sagrario decía que podían haber hecho chocolate en casa y hubiera sido mucho más barato. Pero preferían el cine a la chocolatería y por eso, una vez al mes, compraban las entradas y accedían a la sala hablando a media voz. Ocupaban sus butacas y Sagrario comenzaba ya a quejarse de lo extrañas que eran aquellas películas modernas.

Juntas vieron *Ópera Prima*, que les gustó a las dos y *Volver a empezar*, que a Sagrario le dio mucha pena, vieron *El resplandor* y *El Crimen de Cuenca*, vieron *Los Santos Inocentes*. Incluso una tarde Julia la engañó y la llevó a ver *Pepi, Luci, Bom* y *otras chicas del montón* diciéndole que no sabía de qué trataba pero que se la habían recomendado. Sagrario casi abandona la sala a mitad de película. *No sé cómo permiten que echen algo así, esto con Franco no pasaba*, y Julia le dijo que a ella tampoco le había gustado y que no volverían a ver ninguna parecida. Y era cierto que la había encontrado soez.

Su madre salía muy poco de Puente de Vallecas. Tan solo a Canillejas a ver a su hermano, a Carabanchel a ver a su hijo, y a La Almudena a la tumba de su marido. Los días en que acudían juntas al cine eran los únicos en que pisaba el centro de Madrid.

Al terminar cada película Julia entrelazaba su brazo con el de su madre y cruzaban juntas por la Plaza del Callao, hacia la boca del metro, sin prisas. Hacía frío y Sagrario le explicaba que no entendía cómo podía haber actores feos, y le hablaba de Gregory Peck, y de Cary Grant, *¿Tú has visto a Paul Newman, hija, y has visto a estos actores?* Y le decía que la gente no iba al cine a ver a gente fea y que si no volvían a poner actores guapos la gente dejaría de ir, y cosas así... Y Julia sonreía mientras alzaba el cuello de su abrigo para protegerse de la ligera brisa que les acompañaba, y la quería. Alrededor de ellas la luz de las farolas se mezclaba con los faros de los coches y los porteros de los edificios arrastraban a la calle negros cubos de basura. Sobre uno de ellos, abandonada, descansaba una bacía de hojalata vieja y abollada que tiempo atrás fue yelmo de Mambrino.

***

Las calles de nuestro barrio no llamaban a la épica, no hablaban de pasados gloriosos. Para cuando hubo que ponerles nombre a las calles de nuestro barrio los padres de la patria ya tenían la suya, o su avenida. Llegamos tarde, porque la gente como nosotros siempre llega tarde a todo, y nos pusieron los nombres que sobraban. Mi calle se llamaba Calle Convenio, y la de Julia Sierra de Valdemeca. —¿Y qué querían ustedes, qué su calle se llamara Núñez de Balboa o Daoíz y Velarde? Por favor, no digan tonterías, no falten al respeto. —Por aquellas calles anduvimos, nos vieron crecer, y crecieron con nosotros. Vimos nacer plazas, parques y jardines.

En Puente de Vallecas había muchas historias parecidas a la de Julia, no eran sus tragedias tragedias mayores. Es cierto que cada una reacciona diferente ante un padre que se te muere o un hermano que te roba la hucha, pero esas cosas pasaban, no eran como para presumir, al menos no en aquel barrio y en aquel tiempo. No sé si me explico, pero era más noticia por allí el que Julia sacara aquellos sobresalientes que el que un primo lejano te siguiera por el parque con la jeringuilla, diciéndote que le debías dinero. Bueno, al menos así lo recuerdo, quizás es que con el tiempo recuerdo más las batallas que las cosas cotidianas del día a día, no sé, porque la verdad es que tuvimos una infancia y una adolescencia felices, aunque tal vez fue, tan solo, porque no conocíamos otras.

Pero bueno, que mi adolescencia no coincidió con la de Julia, ten en cuenta que la conocí cuando yo comencé a trabajar en la Biblioteca de Vallecas, y ella entonces estaba terminando el colegio, le debía de pasar yo unos diez años. Al principio Julia venía a la biblioteca con otros niños a hacer esos trabajos en grupo sobre la fotosíntesis y las capas de la corteza terrestre, o sobre el mester de clerecía, cosas así, lo que les mandaran. Y mi trabajo, cuando venían, consistía básicamente en pedir silencio cada minuto y mantener la cara de mal genio todo el tiempo. Con tantos niños de once o doce años por la sala, imagínate. Pero de aquellos días no la recuerdo, sería una más, digo yo, igual era más formal que otros pero bastante tenía yo con tratar de que no se pelearan allí ni me robaran demasiados libros como para andar fijándome en cada uno. Me fijé en ella más tarde, en la época en que empezaba el instituto. Entonces ya venían muy pocos chicos de su edad, casi sería mejor decir chicas, porque yo creo que chicos así, de instituto, no venía ninguno. Bueno, el caso es que ella venía a coger y a dejar libros. Al principio era muy tímida, no preguntaba, no comentaba. Yo siempre he sido habladora, y además allí me aburría, así que les preguntaba a todos los lectores: *Oye, ¿qué te ha parecido este?, ¿te ha gustado?, oye ¿quieres otro parecido? Mira, este es muy bueno,* y enseguida congeniaba con la gente, aunque es verdad que solían ser gente mayor. En el caso de Julia me costó más, tardó bastante en hablarme, y yo tardé bastante en acertarle con los consejos. Al principio le recomendaba esas novelas románticas de adolescentes hasta que una vez me puso ya una cara de asco impresionante. ¡Qué bueno! Me devolvió una y me dijo que se había leído seis páginas. Para entonces yo ya sabía de ella, de su vida, de su familia. En el barrio al final todo se sabe si te interesas un poco. No lo sabía a través de ella, porque Julia nunca hablaba de su vida. Alguna vez mencionaba a su madre y poco más.

¿Que qué leía? Pues hombre, leyó muchas cosas en aquellos años, muchas, algunas las recuerdo, otras no. Lo primero que recuerdo de ella es que leyó toda la colección de Julio Verne, aquellos tomos enormes de Plaza & Janes que estuvieron mil años en la biblioteca: *Cinco semanas en globo, La vuelta al mundo en ochenta días, Veinte mil leguas de viaje submarino.* "Mis primeros viajes fueron en libro", suelen decir, desde luego los de Julia lo fueron, poco había salido de Madrid cuando viajó con Miguel Strogoff, con Phileas Fogg y con los hijos del capitán Grant, y desde entonces no dejó ya de viajar, aunque en ocasiones fueron viajes más interiores, con Delibes, Gil de Biedma o Pizarnik. En aquel tiempo ya empezaba a abrirse conmigo, algo. Me contaba su opinión cuando le preguntaba, se fiaba en ocasiones de mis consejos, cosas así.

Julia venía por las tardes, llevaba un aspecto algo hippie, o más bien del rollo ese que después se llamó heavy, eso me parecía. Su carpeta estaba forrada con recortes de Black Sabbath, de Deep Purple, y de no sé quién más, no recuerdo tanto. El caso es que entonces venía bastante, aunque normalmente no estaba mucho tiempo en la biblioteca, el que le costara encontrar lo que buscaba: autores clásicos, la generación del 98: Unamuno, Maeztu, Valle Inclán..., la del 27: Gerardo Diego, Alberti, Aleixandre, Pedro Salinas,.., eso buscaba y de todo eso leyó, de todo eso y mucho más. No eran cosas que leyeran los chicos de su edad. En eso muy normal no era, la verdad.

Y estuvo unos años viniendo mucho. Por eso la recuerdo ahí, al fondo de la biblioteca, pasando el dedo por el lomo de libros viejos y desgastados, cuando alguno llamaba su atención se detenía, lo tomaba y lo hojeaba. En ocasiones se imbuía en su lectura y quedaba allí de pie bajo el foco tenue durante largo rato, o se sentaba en la silla más cercana, casi sin fijarse, para seguir leyendo, y era casi una niña. Yo me acercaba al rato, porque me aburría, y ella alzaba la vista de *La busca y me decía, mira, Encarna, mira todas estas calles de Madrid, de las que habla Baroja, eran entonces campos y chabolas.* —Pues como las nuestras hace cuatro días, Julia, como las nuestras. —Y ella asentía sin escuchar.

A principios de año normalmente leía novelas de invierno como *La estepa* de Chejov o *Doctor Zhivago* de Pasternak novelas de esas que son muy de abrigarse. En febrero había ya algo más de luz en la ciudad y Julia leía cosas como *La lucha por la vida*, que es de invierno pero menos. En marzo leía a don Jacinto Benavente que es un autor que entretiene hasta que llega la primavera, y en primavera leía a *Alfanhuí* paseando por los campos y tiñendo las hojas de un castaño, o leía *La ruta de Don Quijote de Azorín.* Ya en mayo leía a Rosales, que se lo recomendé yo, porque me encantaba, y después a Julia también le encantó. Luis Rosales, *de una llaga no se come.* Dicen que *Las bicicletas son para el verano*, pero en julio y agosto a Julia no le quedaba tiempo para pasear, o leer, en esos meses trabajaba como camarera en las piscinas municipales y tenía que estar allí todo el día y quedarse a limpiar y a rellenar las cámaras después del cierre, los siete días de la semana. En septiembre retomaba la lectura con la pasión de siempre y leía *Los gozos y las sombras*, o *La regenta*, que son así como muy de entretiempo, como esas chaquetas finas de punto que ni fu ni fa. En otoño caen las hojas de los libros y ella comenzaba leyendo a Verlaine, y su *Canción de otoño*, y ya en noviembre, el mes más triste, Julia leía nanas: las de la cebolla y la del caballo grande.

En diciembre leyó a los Machado, eso sí que lo recuerdo. Aún no se estudiaba a Antonio en el colegio. Bueno, que Julia estaba ya en el instituto, pero no lo conocía, o apenas lo conocía, a Manuel sí, a Antonio no. Leyó lo que había y lo que nos iba llegando, porque la obra de Antonio acababa de llegar a la biblioteca desde el exilio, antes se leía con cuentagotas. Su obra llegó y crecía, y la de Manuel languidecía: *Soledades, galerías y otros poemas, La duquesa de Benamejí, Las adelfas, Campos de Castilla,* por supuesto: *"Mi infancia son recuerdos de un patio de Sevilla".* Todos los leímos Julia y yo, pero lo que más le interesó, a ella, fue la historia de los dos hermanos, la de Manuel, que escribió al sable del caudillo y a Primo de Rivera, y la de Antonio que cruzó la frontera a pie, con su madre, para morir en tierra extraña. Madres que entierran a sus hijos y que mueren poco después. A pesar de todo yo ponía juntos a los dos hermanos, uno al lado del otro, juntos como cuando escribieron *La lola se va a los puertos.* —¿Cómo pueden terminar así dos hermanos?. —Me preguntaba Julia, que por momentos olvidaba al suyo. Y leíamos, las dos, *Camposanto en Colliure* de Ángel González: *Quisiera, a veces, que borrase el tiempo.*

En la biblioteca olía a papel viejo, a cartón, a sueños y a silencio.

Eso es todo lo que recuerdo yo de Julia.

***

Caminábamos juntos por Atocha con los brazos entrelazados. Veníamos de Malasaña, de ver a los Burning en el Penta. Allí un amigo nos había puesto *Lucy in the sky with diamonds* y a Julia no le había sentado bien. No solía escucharla porque no le sentaba bien, pero aquel día la escuchó, y comenzó a sentirse mal. Algo antes del cierre se hablaba de tomar algo en un local cercano, no recuerdo en cuál, pero Julia tenía sudores fríos y ansiedad, me pidió que nos fuéramos a mi casa y nos fuimos. Y por eso caminábamos juntos por la calle de Atocha, por el Madrid viejo, con los brazos entrelazados. Yo esperaba que aquel tranquilo paseo calmara el cuerpo de Julia.

Cerca ya de la estación distinguimos, en una bocacalle, la luz amarillenta de un bar y ella quiso entrar. Yo hubiera preferido continuar hasta mi casa pero insistió y yo cedí porque aquella noche Julia no razonaba, hubiera entrado igual sin mí.

Así que abrí la puerta de aquel bar, que era un bar de viejos con palillos sucios y papeles grasientos por los rincones, con un mostrador desgastado y sobre él tapas que debían de saber ya a humo de cigarro. Un bar que olía a moho y a suciedad. Había en las paredes algunas viejas fotos, amarillentas y aceitosas, y del techo, junto a la puerta, pendía una tira de plástico engomada con decenas de moscas muertas adheridas. Tras la barra un camarero delgado y macilento nos miró con indiferencia al entrar. Era un bar de esos que no se sabe si abren pronto o cierran tarde, o no cierran nunca.

Julia se sentó en una mesa y yo me acerqué a pedir. A mi lado un borracho recostado entre la barra y su taburete discutía consigo mismo, alzando la voz a cada poco, con la mirada perdida. Apenas había cinco mesas en aquel antro, en una del fondo reían dos chicos con aspecto de rockers, en la más cercana a la entrada cinco o seis chavales, casi niños, bebían, excepto uno de ellos que dormía sobre la mesa, rezumaban alcohol. El camarero, que secaba vasos con desgana y un trapo sucio, me atendió y con dos botellines me senté junto a Julia, que sudaba mucho y negaba con la cabeza. Comencé a liar un porro por ver si así se tranquilizaba.

—Escucha, Germinal, —me dijo—, nos vamos a casar.

—¿Qué? —reí, sin poder evitarlo— ¿Pero qué estás diciendo? Ella no me miraba, ella miraba al suelo.

—Nos vamos a casar porque hay que darle una alegría a mi madre, porque ya vale.

Acaricié su mano con la mía. —Julia, ¿por qué no nos vamos ya para casa? Que estás muy puesta. —Trataba de que mi voz sonara lo más suave posible, pero ella no me escuchaba.

Encendí el porro y comencé a fumar, el borracho de la barra bajó del taburete, me llamó *jefe* y me dijo que le pasara el quitapenas. Yo le dije que se estuviera tranquilo, que lo acababa de encender, y Julia miraba el cristal verde de su botellín de cerveza.

—Primero se le muere mi padre y ahora mi hermano, ya vale, jo-der, ya vale. Y yo no le doy ninguna alegría, y nos vamos casar.

No quise contradecirle, en lugar de eso le pasé el porro.

—Ella querría que estuviese casada y con niños.

Fumó algo, con gesto mecánico, mientras yo enredaba mis dedos en su pelo. No paraba de moverse y de negar con la cabeza. Le dio otra calada y ofreció el porro al borracho con un gesto. Él lo tomó y lo miró con asco, hizo como si lo fuera a tirar al suelo, pero no lo tiró. Regresó a su taburete y desde allí fumaba y nos miraba con cara de odio, en el bar hacía demasiado calor y había demasiado humo.

—Que está muy orgullosa de mí. —Se sonreía con ironía y mira-da perdida—. Más orgullosa estaría si le llevara nietos.

—Venga Julia, que vas muy mal y estás sacando todo de quicio, a ti tu madre te adora. Vámonos para casa y mañana hablamos de lo que quieras.

Detrás de nosotros, junto a la barra, el borracho había comenza-do de nuevo a alzar la voz, decía que eran todos unos cabrones, aun-que nadie sabía de quiénes hablaba. Uno de los dos chicos del fondo le gritó que se fuera, que le iban a cerrar el asilo, y el borracho le contestó que había quedado con su puta madre. El camarero hizo mención de salir de la barra pero cambió de opinión y regresó a los vasos, miró al trasluz de la luz amarillenta los trazos que había dejado el trapo en el que sostenía, y lo colocó junto a los que consideraba limpios.

—Las hijas muy listas todo son problemas. Eso le dijo la cerda de la vecina. Eso no me lo dice a mí a la cara, no.

—Venga, cariño, vámonos ya. —La abracé, creo que seguía sin escucharme.

El borracho se había incorporado y gesticulaba, simulaba acuchi-llar a los dos rockers y les decía que eran unos maricones, ellos reían, y desde la mesa cercana a la nuestra un chico le gritó al borracho que se callara. Yo trataba de animar a Julia, abrazado a ella notaba su respiración alterada y el sudor de sus sienes.

—No eres muy romántica pidiendo matrimonio.

El camarero había salido de la barra resignado y comenzó a conducir al borracho fuera del bar con amenazas y algún empujón. Le decía que ya estaba bien por hoy y el borracho le contestaba que tenía cara de follaniños y que no lo tocara. Después el camarero le dijo que aún se iba a llevar una hostia.

—Hay alegrías para todo el mundo y para mi madre ninguna. Ya está bien, hombre, ya está bien.

De la mesa del fondo se incorporó uno de los rockers y le gritó al camarero que les pusiera de beber cuando terminara de sacar la basura, se había colocado justo a nuestro lado, demasiado cerca, le aparté un poco y esbozó un gesto de disculpa mientras reía. El borracho cruzó bajo la espiral de plástico azulado en la que morían las moscas y salió a la noche oscura por su propio pie, gritándole al camarero que era un follaniños.

—Nos vamos a casar, es la única alegría que le puedo dar y se la voy a dar.

Había apoyado mi mano sobre la suya y con la otra le acariciaba el pelo, poco o poco fue calmándose. Y entonces comenzó a llorar, en silencio. Traté de secar sus lágrimas. Nunca había visto a Julia llorar.

—Estoy harta de ver a mi madre siempre jodida, y ya vale, joder, ya vale. Es que ya ni me acuerdo de cómo sonreía.

La abracé de nuevo, empezaba a estar de bajón. Apoyó su cabeza en mi hombro, besé su cuello y se escuchaba flamenco, porque en los bares así antes o después siempre se escucha flamenco, y eso es lo que los salva algo de la quema. Yo creo que sonaba José Menese, aunque no estoy seguro, fue hace tiempo, tal vez sonara Manuel Ávila, que había ganado aquel año la Lámpara Minera. En la mesa de al lado uno de los chicos aún dormía con la cabeza junto a una jarra de cerveza, otro se incorporó y fue hacia la puerta tambaleándose, para vomitar afuera.

***

El Jardín Botánico está cerca de casa de Germinal, cerca de la casa en donde él vivía entonces.

Cuando Germinal no podía acudir a recoger a Julia a la Biblioteca Nacional, porque se encontraba soldando las barandillas de un nuevo centro cultural en Vicálvaro, o las canastas de unas pistas de baloncesto en Mejorada del Campo, Julia solía pasear por el Jardín, para hacer tiempo a la espera de que él saliera del trabajo y llegara al barrio. En esos ratos de hastío caminaba tranquila entre dalias y camelias o se sentaba a la sombra de un granado. Tenía copia de las llaves de casa de Germinal, pero casi nunca la utilizaba.

Julia había conocido aquel lugar por casualidad, como se conocen las cosas más bellas. Un compañero del departamento de Literatura Medieval iba a acudir allí, contratado por el Ministerio de Cultura, para emitir un informe sobre la necesidad, o no, de restaurar un libro antiguo de la Biblioteca botánica. Aquel compañero le invitó a ir con él y Julia sintió curiosidad por el libro, que no por el Jardín, y aceptó. Terminó descubriendo, así, el rincón de Madrid en el que más delicado se aprecia el paso de las estaciones.

El compañero que le invitó fue Luis de Jaúregui y el libro a revisar fueron, en realidad, los cuatro tomos de la Locupletissimi Rerum Naturalium Thesauri, publicados por Albert Seba en el Siglo XVIII y regalados, en aquel mismo siglo, por Antonio Pascual de Borbón a la Biblioteca del Jardín. La obra era una maravilla de ilustraciones y descripciones de animales, una auténtica joya que, además, se encontraba en perfecto estado de conservación, por lo que Luis tan solo recomendó que se guardara en un armario de humedad y temperatura controladas. De esa primera visita le quedaron a Julia el gusto por aquel lugar y el recuerdo de una de las obras más bellas sobre la naturaleza jamás publicada.

Años más tarde, sentada entre el roble y la estatua de Carlos III observaba las azaleas florecidas y pensaba, como tantas tardes, en Avellaneda, en que después de dedicarle tantas horas de su vida se había encariñado con él, como Cervantes se encariñó con Quijote y Sancho.

Costaba ver los méritos del falso escritor, especialmente si los miramos con los ojos de ahora, pero, ¿acaso hay alguna novela medieval que no haya sido continuada por diferente mano? No la hay, no al menos entre las de valor literario. ¿Cuántas segundas y terceras partes tiene *La Celestina*?, y no las escribió Fernando de Rojas, o *El Amadís de Gaula*, *El Guzmán de Alfarache*, *El Lazarillo de Tormes*,... la lista es larga. ¿No continuaron también *El Quijote* Filleau de Saint-Martin y Robert Challe?, ¿no escribió Pedro Gatell y Carnicer *La historia del más famoso escudero Sancho Panza*? Desde luego Avellaneda no fue el único que continuó la obra de otro, ni el único que ocultó su nombre, el problema fue que lo hizo en vida del autor, y eligió como rival a un gigante, a uno real, no como su Bramidán de Tajayunque. Eso sí, Avellaneda escogió a un gigante que no sabía quién era, pues en el intercambio de insultos entre ambos él es certero, da en el ego, golpea en los méritos heroicos de Cervantes, mientras que los insultos de Don Miguel no dejan de ser palos de ciego, disparos al aire.

Julia consultó su reloj, aún era pronto, se incorporó y caminó por los Paseos del Jardín, se acercó hasta el invernadero antiguo, la Estufa de Graells. En el interior el sol se filtraba entre las vidrieras semicubiertas por la vegetación de helechos arborescentes y plantas trepadoras. Aquel rincón, de otra época y otra naturaleza, te abstraía de Madrid, te llevaba muy lejos durante unos minutos. Julia respiró hondo el aire impregnado de humedad y vida, recordó que Umbral había publicado hacía poco una novela titulada así: *Los helechos arborescentes*, y pensó de nuevo en Avellaneda, en que se esforzó mucho en su novela, eso estaba claro. Su Quijote no es un boceto sino una obra terminada: cuidó el estilo y la estructura, trabajó la trama. Resultaría complicado escribir una obra así y publicarla a principios del siglo XVII, tiene su mérito. Además no tendría tan mal fondo, Avellaneda, cuando al finalizar su falsedad coloca a cada personaje en lugar de reposo, a todos, incluso a Rocinante. Y aún da a su Quijote la ilusión de que abandonó un día la casa de curas y recorrió Salamanca, Ávila y Valladolid. ¿Quién se encariño más, Cervantes de su personaje o Avellaneda de su esperpento? Dicen que es un libro plano, que los personajes no evolucionan, que copia descaradamente a Cervantes, que sermonea constantemente al lector,... Avellaneda no era Cervantes, pero hizo lo que pudo, y sin él tal vez no tuviéramos segunda parte del Quijote, quizás esa presión, de la obra falsa, fue la clave para que Cide Hamete Benengeli terminara la suya antes de morir, tal vez. Eso no puede saberse, como no puede saberse por qué todos dicen que Sancho era gordo, si Cervantes no escribió tal cosa, o por qué la belladona en pequeñas dosis cura y en grandes dosis mata, bueno, eso sí puede saberse, pero Julia no lo sabía porque no entendía tanto de botánica, ni de medicina.

¿Quién era Avellaneda?, alguien a quien Cervantes había ofendido, pero Cervantes ofendía tanto.

Le había ocurrido a Julia, con sus Quijotes, como en aquella anécdota del buen profesor, al que vas para que te solucione una duda y regresas con seis o siete. Y se le iban a quedar en el tintero decenas de aquellas preguntas sin solución: ¿Por qué Cervantes regresó en sus últimos años a Madrid?, ¿por qué Avellaneda encaminó a su Quijote hasta Madrid?, ¿por qué Germinal y mamá se niegan a que nos vayamos de Madrid?

La melisa, el romero y el espino blanco se utilizan para tratar problemas del corazón. Julia no había regresado al Jardín Botánico desde que presentó la tesis.

**

Manuel, el conserje, vivía con su familia dentro del colegio Fernán Caballero de Puente de Vallecas. La puerta de su casa daba al patio de recreo. Le gustaba vivir allí, era barato y más tranquilo de lo que él creía cuando aceptó el trabajo, además en la parte trasera de la casa tenía un pequeño huerto donde solía pasar la tarde. En alguna ocasión los niños más traviesos saltaban la valla y entraban en su huerto, pero no lo hacían muy a menudo porque sabían que si Manuel los sorprendía allí alguna bofetada recibían.

Son las cinco menos diez y Manuel sale de casa. Mira hacia el cielo, ha parado de llover. Se dirige hacia la verja metálica con unas llaves en la mano y abre el portón. A un lado del portón hay una puerta pero es demasiado pequeña para la salida de tantos niños, así que queda cerrada. Manuel fuma un cigarro mientras camina sin prisa por el patio. Minutos de tranquilidad y de soledad. Apenas dos o tres madres vienen a buscar a sus hijos, y todavía no han llegado.

Suena la sirena y comienza el rumor de pasos en los pasillos. Aparecen los primeros niños en el patio. Uno de ellos se despide de sus amigos y queda esperando junto al tobogán, donde aguarda cada día porque los mayores siempre salen antes que los pequeños. A su alrededor comienza a bullir un revuelo de abrigos baratos, pantalones de pana, guantes y gorros.

Llega una niña con su sonrisa, trae una bolsa en la que por la mañana llevaba caramelos para celebrar con sus compañeros de clase que cumple seis años. La bolsa parece vacía pero la niña se la tiende a su hermano.

—Te he guardado un *Sugus*.

Él la abre, y al fondo, entre los pliegues de plástico encuentra el caramelo.

—¡Hala!, y de naranja, mis favoritos. —Ve la sonrisa ilusionada de su hermana—. Me lo voy a guardar para luego.

—No, no, cómetelo ahora. —Él duda un instante, después asiente, quita el papel naranja y lo deja volar por el patio.

Atraviesan el portón y caminan por la acera de la calle del Corral de Cantos.

—¿Hoy podemos ir un rato al parque?

—Un rato sí.

—Pero, ¿cuánto rato?, ¿un rato muy grande?

—No, Julia, un rato normal, que si no mamá nos echa la bronca.

Julia se detiene un instante en la esquina con la calle Palomeras.

—El Rubén me ha dicho que soy fea.

—¿El Rubén? —ríe—. No le hagas caso que ese es tonto perdido. Él sí que es feo, que tiene cara de mono. —Acaricia la cabeza de la niña y ella ríe también.

—Sí, tiene cara de mono. Mañana se lo diré. Mañana le diré que me ha dicho mi hermano que tiene cara de mono.

Lluvia en el suelo, gris en el cielo, frío en el aire, trenza en el pelo.